임승필 신부님(1950-2003년)과
저와 함께 『주석성경』 마무리 작업을 하신
제위 신부님께
이 작은 책자를 헌정합니다.

# 저의 주님, 저의 하느님!
## – 표징의 책

2023년 06월 27일 교회인가(서울대교구)
초판 찍은 날  2023년 08월 08일
초판 펴낸 날  2023년 08월 18일

**지은이**  이기락

**펴낸곳**  오엘북스
**펴낸이**  옥두석

**편집장** 이선미  ┃  **책임편집** 임혜지
**디자인** 이호진

**출판등록**  2020년 1월 7일(제2020-000115호)
**주소**  경기도 고양시 일산동구 중앙로 1055 레이크하임 206호
**전화**  031. 906-2647 ┃ **팩스**  031. 912-6643
**홈페이지**  https://blog.naver.com/olbooks
**이메일**  olbooks@daum.net

**ISBN** 979-11-984159-0-5  03230

요한복음 신학&영성 1

# 저의 주님, 저의 하느님!

## |표|징|의|책|

이 기 락

오엘북스

■ 일러두기
· 이 소책자에서 인용되는 성경 구절은 『주석성경』(한국천주교주교회의, 2010)을 따랐다.
· 고유명사와 성경 구절의 약어 표기 등은 『성경』(한국천주교주교회의, 2005)을 표준으로 삼았다.
· 이 소책자에 수록된 그림은 김형주(이멜다) 화백의 작품이다.

"예수님께서 메시아시며 하느님의 아드님이심을
여러분이 믿고, 또 그렇게 믿어서
그분의 이름으로 생명을 얻게 하려는 것이다."
(20,31)

# 차 례

## '요한복음 신학&영성'을 펴내면서

길고 지루하게 이어지던 코로나19 팬데믹의 여파로 마주하게 된 '새로운 일상(new normal)'에 적응하기 위해 그 첫 단계로, 갖가지 핑계를 대며 소홀히 하였던 하루 '만보걷기'를 제대로 해야겠다고 다짐하게 되었습니다. 하루 목표치를 채우기 위해서는 적지 않은 시간을 일부러라도 걸어야 했는데, 여러 가지 상념이 오가는 중에 지금까지 학생 신분으로 배우고, 선생으로 가르치고, 사제로 선포한 내용들을 하나둘씩 정리해 보면 어떨까 하는 생각이 스치곤 했습니다. 그리고 공부한 것이 성서학이니 당연히 성경을 중심으로 살펴보되, 성서주석학적인 측면에서보다는 내가 믿고 고백하는 내용을 신앙 고백적 차원에서 종합해 보고 싶다는 하나의 생각으로 모아지게 되었습니다.

이번에 출간하는 소책자의 성격을 굳이 말씀드린다면, 이 책은 성경의 통시적 · 공시적 방법론에 기초한 주석서라기보다는, 그동안 여러 학자들이 땀과 노력으로 탐구하여 일구어낸 요한복음에 대한 방대한 연구 결과의 한 부분을, 저 나름대로 정리하여 설명하는 해설서라고 첨언하고 싶습니다. 특히 독자들이 성경에 계시된 심오한 진리와 신비에 부담 없이 접근하면서 올바로 이해하는 데에 조금이나마 도움을 주기 위하여, 한국천주교주교회의가 발간한 『주석성경』(2010)에서 제시하는 주석 내용을 기본적 토대로 하고, 여러 학자들의 학설과 주장을 성서 신학적이고 사목적인 측면에서 요약 정리하면서, 저의 의견에 따라 첨삭하고 부연설명하기도 하였습니다. 구체적이고 전문적인 성경 주석이나 자세한 각주 등은 생략하고, 별도로 간략하게 '참고문헌'을 제시하는 것으로 대신하였습니다. 많은 학자들의 학문적 성과에 상당 부분 의존하면서도 출처를 일일이 제시하지 못했음을 밝히면서 그 빚에 대하여 이렇게 감사의 인사를 전합니다.

『주석성경』이 출간되기까지 최종편집을 책임졌던 담당자로서 그동안 저는, 하느님 말씀의 신비에 대하여 『주석성경』이 제시하는 객관적인 시각과 해설이 뛰어나다는 점을 늘 널리 알리고 싶었습니다. 미약하나마 오늘에야 그 소망을 전할 기회를 만들게 되었습니다. 잘 아시는 바와 같이, 한국천주교회는 1988년 성경 본문에 충실하면서도 전례용으로 사용할 수 있는 우리말 성경 번역 작업에 착수하여, 2005년에 가톨릭 『성경』을, 2010년에는 『주석성경』을 출간하였습니다. 이 뜻깊고 영예로운 작업을 한국천주교주교회의 성서위원회 총무 임승필(요셉) 신부님께서 주관하여 열정과 헌신으로 각고의 노력 끝에 성경번역 및 주석 작업을 중후반 정도 수준까지 올려놓으셨습니다. 그러나 뜻밖에도 임 신부님은 2003년 갑자기 하느님의 부르심을 받고 하늘나라에 오르시게 되었습니다. 그래서 한사코 고사하던 제가 그 후임 직무를 맡게 되었습니다. 이 기회에, 최초의 가톨릭 『성경』은 물론 『주석성경』의 기초 작업을 통하여 한국천주교회에 커다란 선물을 남기고 홀연히 하느님 곁으로 떠나, 하느님과 함께 영원한 안식을 누리시는 임승필 신부님께, 선종 20주년을 맞이하여 다시 한 번 더 감사의 마음을 전하면서 이 작은 책자를 헌정하고자 합니다.

임 신부님에 이어 저와 성서번역위원회 신부님들은 성경 원문 번역 및 주석에 대한 마무리 작업을 함께 해나가는 과정에서, 한 쪽으로 편향된 이론이나 학설, 또는 일방적인 주장에 치우치지 않고 객관성을 담보하면서, 또한 과하거나 부족하지 않도록 절제된 언어와 표현을 통하여 균형 감각을 유지하면서, 성경 원문을 번역하고 해석하려고 부단히 노력하여 『주석성경』이 지금의 모습으로 빛을 보게 되었습니다.

이 『주석성경』의 내용을 중심으로 현재까지 저는, 30년 넘게 거의 줄곧 가톨릭대학교 신학대학에서 성서와 관련된 강의를 해오고 있습니다. 독자 여러분도 이 『주석성경』을 '거룩한 독서'를 위한 지침서로 삼아 성경 연구의 기쁨과 보람은 물론, 하느님 말씀의 행간에 담긴 심오하고 충만한 의미를 더 깊이 이해하고 깨달아 신앙생활에 큰 도움을 얻기를 기원합니다.

"당신 말씀은 제 발에 등불, 저의 길에 빛입니다."(시편 119,105)

# '표징의 책' 들어가기

신약성경 네 복음서 가운데 가장 늦게 저술된 요한복음(90-100년경)은 로마 황제들이 그리스도인을 가장 가혹하게 박해하던 시기를 배경으로 집필됐다고 추정합니다. 그런데 요한복음에서는 예수님에 관한 기쁜 소식과 신비를 전하는 방법에 있어서, 앞서 집필된 공관복음서(마태오 · 마르코 · 루카)와는 눈에 띄는 차이점이 발견됩니다. 공관복음서가 예수님의 여러 가지 짧은 말씀을 한데 모아 놓거나, 간략한 말씀이 곁들여진 기적 이야기로 된 작은 단락들을 중심으로 저술되었다면, 요한복음은 예수님과 관련된 사건이나 그분이 일으키신 표징, 곧 기적들을 선별하여 전해준다는 점입니다.[1] 또한 요한복음의 경우 대부분, 이

---

1. 표징과 관련하여 다음 말씀 참조. 『주님께서 아하즈에게 다시 이르셨다. "너는 주 너의 하느님께 너를 위하여 표징을 청하여라. 저 저승 깊은 곳에 있는 것이든, 저 위 높은 곳에 있는 것이든 아무것이나 청하여라.』(이사 7,11) 이사야서에 따르면 '표징'은 단순히 기적이 아니라, 곧바로 또는 조금 뒤에 눈으로 직접 볼 수 있는 것으로서, 오랜 뒤에 일어날 사건을 확신을 가지고 기다릴 수 있게 도와주는 역할을 한다(이사 8,18; 20; 37,30; 38,7-8 참조). 또한 요한묵시록에서는 영적으로 의미가 있는 사물이나 사건, 장면을 뜻한다(묵시 12,1 참조).
   사실 예수님께서 행하신 '기적(그리스말 $\delta\acute{\upsilon}\nu\alpha\mu\iota\varsigma$, 뒤나미스)'과 '표징(그리스말 $\sigma\eta\mu\epsilon\hat{\iota}o\nu$, 세메이온)'은 구별되는 용어이다. 공관복음은 보통 기적들을 표현할 때는 '뒤나미스(권능의 행위)'라는 단어를 사용하는 반면, 메시아 시대의 개시를 알리는 큰 이적을 표현할 때는 '세메이온(표징, 징표)'을 사용한다(마태 12,38; 16,1-4; 마르 8,11-12; 루카 11,16.29). '기

"예수님께서 메시아시며 하느님의 아드님이심을 여러분이 믿고,
또 그렇게 믿어서 그분의 이름으로 생명을 얻게 하려는 것이다." (20,31)

러한 사건이나 표징을 소개한 후, 여기에 담긴 의미를 담화(계시담화)나
설교로 길게 설명하는데, 이렇게 해 나가다가 어느 한 순간에 독자에
게 믿음의 결단을 촉구하면서 매우 극적인 정점에 다다르기도 합니다.

---

적(뒤나미스)'이 예수님께서 행하신 놀라운 일이나 사건 자체에 관심이 있다면, '표징(세메
이온)'은 예수님께서 행하신 그 일이, 과연 그분이 누구신지 그 신원을 드러내 주는 역할을
하면서 그분에 대한 믿음에 이르도록 돕는 데 있다. 구약성경의 전통(이사 66,19)을 이어받
은 요한복음 사가는 일곱 가지 기적(표징)을 전할 때, 예수님에게서 종말의 사건이 일어난
다는 사실을 가리키기 위하여 '세메이온'이라는 단어를 사용하였다. 그러므로 예수님께서
하나의 기적으로 일으키신 표징은, 그 자체로 종말론적 사건이 되며 이를 일으키신 예수님
에 대한 믿음을 촉구한다.

요한복음은 공관복음에 소개되지 않거나 설령 소개된다 하더라도 다른 시각에서 전해주는 표징(기적)과 행적과 가르침이 주를 이루고 있습니다. 이러한 표징을 통하여 모든 사람이, 예수님께서 구세주(그리스도)요 하느님의 아드님이심을 깨닫고 믿어서 구원을 얻고 그분이 주시는 영원한 생명에 참여하도록 촉구하려는 의도에서 요한복음이 저술되었기 때문입니다(요한 20,31 참조). 이와 같이 요한복음은, 예수님에게서 이루어지는 구원 사건들을 일어난 그대로 이야기하는 것이 아니라, 그 사건들의 중요성을 파악하고 그것을 깊이 있게 창조적으로 표현하였습니다.

대부분의 학자들은, 요한이 당시의 큰 철학적 · 종교적 흐름이 합류하는 지역, 곧 그리스적 사상과 근동의 신비주의가 만나고, 유다교 자체도 바뀌어서 외부의 여러 영향에 개방적이었던 대도시[2]에 살면서, 오랜 묵상 끝에 자기가 터득하고 또 높이 평가하게 된 여러 사조를 완벽하게 자유로운 입장에서 취합하여, 메시아시며 하느님의 아드님이신(20,31) 예수님의 실체(신원)와 역할이 무엇인지 밝히려 했다고 주장합니다.

그래서인지 요한복음은 많은 상징적 표현을 사용합니다. 그것은 있는 그대로의 언행, 곧 첫눈에 파악되는 현상 너머로 독자들을 이끌어 무엇인가를 보여주려는 저자의 신학이 반영되어 있다는 의미일 것입니다. 요한복음 사가가 주님께서 직접 보여주신 표징과 가르침들을 깊

---

2. 2세기 말엽에 이레네오가 "그 다음, 주님의 제자인 요한, 주님의 가슴에 몸을 기대었던 바로 그 사람도 에페소에 머무르는 동안 복음서를 출간하였다." 하고 증언한 바에 따르면 그 대도시는 '에페소'를 가리킬 수 있다.

이 명상하여 복음서를 저술하고 그분에 관하여 증언하였기 때문에, 요한복음은 영성적인 복음서라고 불려 왔습니다. 이미 옛날부터 '영적 복음서'라고 부르기도 하였는데, 알렉산드리아의 클레멘스의 경우가 그렇습니다.

대부분의 학자들은 요한복음을 다음과 같이 네 부분으로 분류합니다.

- 머리글(1,1-18)
- 표징의 책(1,19-12,50)[3]
- 영광의 책(13,1-20,31)[4]
- 부록(21,1-25)

이 복음에서 복음사가가 증언하며 다루는 주제는 예수님 안에 생명이 있고, 그 생명은 사람들의 빛이며, 우리는 그분의 영광(곧 예수님의 십자가상 죽음과 부활)을 보았다는 내용으로 축약할 수 있습니다.

앞에서 언급한 대로, 요한복음서에는 공관복음서 전승의 많은 요소가 나오지 않는 대신 새로운 자료가 적잖이 들어 있습니다. 이에 착안하여, 예수님의 표징과 행적 중에서 공관복음에서는 전하지 않는 내용

---

3. '표징의 책'(1,19-12,50)은 예수님께서 예루살렘에 입성하실 때까지의 표징에 관한 내용을 주로 담고 있다.
4. '영광의 책'(13,1-20,31)은 예수님의 수난과 죽음과 부활에 초점이 맞추어져 있는데, 예수님의 수난사는 그분이 제자들과 마지막 만찬을 하시던 중에 제자들의 발을 씻기는 장면부터 시작된다.

가운데, 매번 12가지 정도의 주제를 선택하여 세 번에 걸쳐 살펴보려고 합니다.

이 첫 소책자에서는 예수님께서 일으키신 7개의 표징을 포함하여, 머리글과 부록에서 각각 2개 주제를 선정한 다음, 부활하신 예수님께서 '사도들의 사도(Apostolorum Apostola)'라고 불리는 마리아 막달레나에게 나타나신 장면을 전하는 부분을 다음과 같이 살펴보려고 합니다.

* 머리글(2개 주제)
  ① 하느님이신 말씀의 선재(先在)_강생(1,1.14)[5]
  ② 하느님이신 말씀_외아드님 예수 그리스도_하느님(1,18)[6]
* 부활하신 예수님께서 '사도들의 사도'인 마리아 막달레나와 토마스에게 나타나시다(20,1-18.24-28)
* 부록(2개 주제)
  ① 일곱 제자에게 나타나시다(21,1-14)
  ② 예수님과 베드로 / 예수님께서 사랑하신 제자와 베드로(21,15-23)

위의 내용을 '표징'을 중심으로 아래와 같이 12가지 주제로 정리할 수 있습니다.

---

5. "한처음에 말씀이 계셨다. 말씀은 하느님과 함께 계셨는데 말씀은 하느님이셨다 …말씀이 사람이 되시어 우리 가운데 사셨다."(요한 1,1.14ㄱ)
6. "아무도 하느님을 본 적이 없다. 아버지와 가장 가까우신 외아드님, 하느님이신 그분께서 알려 주셨다."(요한 1,18)

① 로고스 찬가(머리글 1): 하느님이신 말씀의 선재(先在)_강생(1,1-14: 빛 & 생명)

　i ) 로고스 선재_영원하신 하느님과 함께 계신 하느님의 말씀(1,1-9)

　ii) 로고스(말씀)의 육화와 강생(1,10-14)

② 로고스 찬가(머리글 2): 하느님이신 말씀_외아드님 예수님(1,15-18: 은총 & 진리)

③ 표징1: 카나의 혼인 잔치(2,1-12)

④ 표징2: 왕실 관리의 아들을 살리시다(4,46-54)

⑤ 표징3: 벳자타 못 가에서 병자를 고치시다(5,1-18)

⑥ 표징4: 오천 명을 먹이시다(6,1-15)

⑦ 표징5: 물 위를 걸으시다(6,16-21)

⑧ 표징6: 태어나면서부터 눈먼 사람을 고쳐주시다(9,1-41): 초막절

⑨ 표징7: 라자로를 다시 살리시다(11,1-44)

⑩ 부활사화: 부활하신 예수님께서 '사도들의 사도'인 마리아 막달레나와 토마스에게 나타나시다(20,1-29)

　i ) 빈 무덤 사화(20,1-10)

　ii) 발현사화(20,11-29)

　　㉠ 마리아 막달레나에게 나타나시다(20,11-18)

　　㉡ 제자들에게 나타나시어 사명을 부여하시다(20,19-23)

　　㉢ 토마스에게 나타나시다(20,24-29)

⑪ 부록1: 일곱 제자에게 나타나시다(21,1-14)

⑫ 부록2: 예수님과 베드로/예수님께서 사랑하신 제자와 베드로(21,15-23)

ⅰ) 예수님과 베드로(21,15-19)

ⅱ) 예수님께서 사랑하신 제자와 베드로(21,20-23)

ⅲ) 예수님께서 사랑하신 제자 & 요한복음의 저자

# 머리글

요한복음은 하느님에게서 파견되어 육화하신 예수님의 신원과 정체가 무엇인지 밝히고, 독자들이 그 내용을 깨달아 믿고 증언하도록 이끌어주는 역할을 한다. 장엄한 어조로 펼쳐지는 신학적 머리글인 로고스 찬가(1,1-18)는, 요한복음 전체에 대한 요약인 동시에 예수 그리스도가 누구신지 그 신원을 밝히는 '그리스도론'의 축약이기도 하다. 머리글은 독자들이 여기에 소개된 내용을 하나의 '지침' 또는 '일러두기'로 활용하면서, 요한복음 전체를 읽고 묵상하도록 이끌어주는 안내문 역할을 한다.

이 머리글(로고스 찬가)에는, 창조 이전부터 계시는 말씀께서 사람이 되신다는 '선재-강생(先在-降生)'의 도식이 뚜렷하게 나온다. 전반부(1,1-14)에서 요한은, 말씀(로고스)께서 한처음(창세 1,1 참조)에 전능하신 창조주 하느님께서 하늘과 땅과 유형무형한 만물을 창조하시기 전부터, 모든 것을 초월하시고 거룩하신 하느님과 함께 선재하셨는데, 이 "말씀이 사람이 되시어 우리 가운데 사셨다."고 전한다. 사람이 되신 말씀은 사람들을 비추는 '생명'(1,4)이시고 모든 사람을 비추는 '참빛'(1,9)이셨다.

로고스 찬가 후반부(1,15-18)는, 선재하시다가 강생하시어 사람이 되
시고 하느님의 '아드님'이 되신 '말씀'께서, 수난과 영광을 통하여 우
리의 '메시아(그리스도)'와 '주님과 하느님'(1,1.18; 20,28 참조)이 되셨음
을 장엄하게 선포하며 칭송한다.

# 로고스 찬가(머리글 1): 하느님이신 말씀의 선재_강생

01

한처음에 말씀이 계셨다.

말씀은 하느님과 함께 계셨는데

말씀은 하느님이셨다.(1,1)

## 로고스 선재_영원하신 하느님과 함께 계신 하느님의 말씀(1,1-9)

슈낙켄부르크는 예수님과 동시대 사람이었던 고대 알렉산드리아의 유다인 철학자 필론(대략 BC 25-AD 45/50년)의 '로고스' 개념을 요약하여 설명하는데, 그 일부분을 소개하면 다음과 같다.

"하느님께서는 창조 이전에 이미 당신 영 안에서 영적 우주를 구상하셨다. 이것이 곧 당신의 로고스(말씀)다. 하느님은 모든 존재의 원인이고 로고스는 당신의 도구다. 이 로고스에 신적 속성이 부여되었다. 따라서 로고스는 '하느님의 맏아들', '하느님의 모상', '제2의 하느님'이다. 이분이 인류 구원 활동에 관여하신다. 신적 로고스는 현자의 영혼을 감도하시고, 어떤 도시에

"한처음에 말씀이 계셨다."(1,1)

살듯 그 영혼 안에 거하며 활동하신다. 영혼에 생기를 불어넣고, 마치 신성한 음료 담당관처럼 영혼을 행복하게 한다. 또한 하느님과의 신비적 합일을 이루어 주는 중개자이자 스승이다."[1]

슈낙켄부르크의 주장대로, 필론과 요한복음 사가 둘 다 하느님의 말씀 또는 지혜를 자기 사상의 출발점으로 삼았지만, 이 신적 '로고스' 개념은 각기 다른 방식으로 발전시켰다. 필론이 이 개념을 우주론과 인간론의 철학적 단초로부터 전개한 반면, 요한은 '머리글'에서 "한처음에 말씀이 계셨다. 말씀은 하느님과 함께 계셨는데, 말씀은 하느님이셨다."(1,1)라고 선포하면서 이 '로고스'가 예수 그리스도 안에서 사람이 되신 신적 인격임을 분명히 밝힌다. 이와 같이 복음을 시작하는 첫 구절부터 요한은, 예수님께서 '한처음'부터 하느님의 말씀으로 영원하신 그분과 함께 선재(先在)하시면서 하느님이셨다고 선언함으로써, 그분의 신성을 강조한다. 요한복음은 '지혜(그리스말 σοφία, 소피아)'를 의인화한 하느님의 속성으로 인식한 구약성경의 지혜문학[2]과 그리스화한 유다교의 영향을 받아, 이 머리글의 찬가에서 예수님 자신을 '말씀(그리스말 λόγος, 로고스)'으로 표현한다(1,1-4.9-11). 지혜문학과 후기 유다교에 따르면, 하느님께서 세상을 창조하실 때 지혜가 하느님과

---

1. 루돌프 슈낙켄부르크, 『복음서의 예수 그리스도』, 김병학 옮김, 분도출판사(2009), 461-462쪽. 참고로, 알렉산드리아의 유다인 철학자 필론은 '로고스'를 '하느님의 모상'으로 본 반면, 그리스 철학자 플라톤은 '이 세상'을 신의 모상으로 본다.
2. 잠언 8,23-36; 지혜 7,22-8,1; 집회 24,1-22 참조.

함께 있었다.[3] 요한은 바로 그 지혜가 율법을 통하여 이스라엘에게 주어졌다고 믿으면서 율법의 선재사상을 강조한다(집회 24,1-22).

바오로 서간인 콜로새서에서는, '보이지 않는 하느님의 모상'이신 위대하신 그리스도께서 우주적 차원에서 우주적 역할을 하시는 것을 노래하는 찬미가가 소개된다(1,15-20). 지혜문학의 영향을 받은 이 찬가는 그리스도께서 '지혜' 그 자체로서 "하느님의 모상"이시고(지혜 7,26 참조), 모든 피조물이 생겨나기 전부터 존재하셨으며(잠언 8,22-26 참조), 하느님께서 세상을 창조하실 때에 능동적으로 참여하시고(잠언 8,27-30 참조), 사람들을 하느님께 이끌어 주시는 분으로 소개한다(잠언 8,31-36 참조).

그런데 예수님을 '말씀(로고스)'으로 소개하는 이 표현은, 요한복음 머리글의 찬가(1,1-18)에만 등장한다.[4] '말씀'께서는 하느님이라고 불리는 '아버지'와 다르면서도, 그분과 완벽하고 완전한 일치를 이루심으로써(요한 5,17-30), 결국은 하느님 아버지와 똑같은 분이시며, 따라서 '말씀'께서도 '아버지'처럼 하느님이라고 고백한다. 이처럼 하느님의 영원한 아드님이신 '말씀'께서는 '한처음', 곧 이 세상 시간의 시작이 아니라, 절대적 '시작'을 의미하는 그 순간부터 하느님과 더불어 선재하시면서, 우주만물 창조에 아버지와 함께하셨으며(1코린 8,6 참조),

---

3. 이미 구약성경에서부터 세상의 창조가 하느님의 말씀(시편 33,6.9; 147,15-18; 이사 40,26; 48,3; 지혜 9,1.9. 그리고 창세 1,3 참조), 또는 하느님의 지혜와 관련된다고 말한다(잠언 8,27-30; 지혜 7,12; 8,4; 9,9).
4. 그밖에 요한1서에서는 '생명의 말씀'(1요한 1,1)이라는 표현이 나오고, 요한묵시록에서는 하느님을 거역하는 세력들을 물리치신 종말론적 승리자라는 의미에서 '하느님의 말씀'(묵시 19,13)이라는 표현이 등장한다.

철저한 '자기비하'를 통하여 하느님의 구원사업에도 함께하실 것이다. 앞에서 소개한 콜로새서의 그리스도 찬미가(1,15-20)도, 그리스도를 우주의 머리로 기리면서 구원과 창조를 하나로 엮고, 또한 모든 내용을 십자가의 죽음과 거양이라는 역사적 사건에서부터 출발하여 펼쳐 나감으로써 신약성경, 특히 복음서들과 마찬가지로 그리스도께서 '주님'이시고, '구세주'라는 고백을 하나로 결합시킨다(콜로 1,16-17 참조).

한편 복음사가는 세례자 요한을 소개하는 부분(1,6-8)에서 "그는 증언하러 왔다. 빛을 증언하여 자기를 통해 모든 사람이 믿게 하려는 것이었다."라고 전함으로써, 세상의 '빛'이신 '말씀'을 증언하는 요한의 역할과 '말씀' 자체이신 그분을 구분한다. 아버지 하느님과 일치를 통하여 철저하게 배타적인 관계를 맺고 계신 예수님은, 하느님을 드러내어 계시하시는 계시자인 반면, 세례자 요한은 예언자요 증인으로서, 예수님의 가르침을 전적으로 증언하는 증언자(1,15.19-34; 3,23-36; 5,33; 10,41)일 뿐이다.[5]

## 로고스(말씀)의 육화와 강생(1,10-14)

> 말씀이 사람이 되시어
>
> 우리 가운데 사셨다.
>
> 우리는 그분의 영광을 보았다.

---

5. '증언하다' 동사에는, '공개적으로 선언하다'라는 의미가 짙게 포함되어 있어서, 다른 이들을 향한 증인의 신앙고백 차원이 강조된다. 이 동사가 신약성경에 33번 나오는데, 요한복음에서 19번, 그 가운데 이 머리글(로고스 찬가)에서 무려 4번이나 발견된다.

은총과 진리가 충만하신

아버지의 외아드님으로서 지니신

영광을 보았다.(1,14)

이어지는 찬가는 강생하시어 사람이 되신 예수님이, 하느님으로서 세상의 빛과 생명이 되셨음을 노래한다. 오로지 당신만이 완전하게 하느님 아버지를 아시기에, 예수님께서는 진리 자체이신 아버지 하느님을 계시하시고, 사람들이 걸어가야 하는 참된 길을 가리키는 '빛'이시며 (8,12), 모든 생명의 최종 원천이신 아버지께 갈 수 있게 하는 "길이요 진리요 생명"(요한 14,6)이시다.

　요한복음 사가는 "말씀이 사람이 되시어 우리 가운데 사셨다. 우리는 그분의 영광을 보았다."(1,14ㄱ)라고 전하면서, 육화와 강생의 신비를 인간 예수님이 아니라 하느님의 '말씀(λόγος, 로고스)'에서부터 출발한다. 요한은 '말씀이 사람이 되셨다'라는 이 진술을 통하여 출중한 카리스마를 지닌 위대한 영웅이나 신의 탄생을 극적이고 아름답게 묘사하여 알리는 모든 신화적 요소를 배제하고, 이 '말씀'이 살과 피를 지닌 사람이 되셨다고 전하는 것이다. 이와 같이 하느님 '말씀'의 강생이 인간의 현실 속에서, 팔레스티나라는 구체적인 땅에서, 역사적인 특정한 때에 이루어졌다. 여기서 '사람'으로 옮긴 그리스말 '사륵스(σάρξ)'는 '살(또는 살덩어리)'을 뜻하는 히브리말 '바사르'에 해당하는 단어로, 구약성경에서는 주로 죽음으로 끝나는 나약한 존재인 인간 전체를 지칭할 때 사용된다. 이렇게 하느님의 '말씀'께서 우리와 똑같은 살을 취하시어 강생하심으로써, 나약한 인간의 모든 조건을 받아들이시고 이 세상에서 삶을 시작하신다. 이제 인류의 구원역사는 '하느님께서 우리와 함께'(임마누엘) 하시겠다는 구약의 예언이 성취되어 결정적인 순간을 맞이하게 되었다. 그러므로 세례자 요한은 물론 모든 그리스도인들은 바로 이러한 사실을 증언해야 하는 것이다.

또한 '사셨다'로 옮긴 그리스말 동사 '스케나오(σκηνάω)'는 '천막을 치다'를 뜻하는 히브리말 '샤칸' 동사에 해당하는 단어이다. 본디 유목민이었던 이스라엘인들은 천막생활을 하였다. 광야에서 만남의 장막을 친 것처럼 최초의 성전도 처음에는 천막으로 이루어졌다. 구약성경의 이러한 배경과, 바로 이어지는 "우리는 그분의 영광을 보았다. 은총과 진리가 충만하신, 아버지의 외아드님으로서 지니신 영광을 보았다."라는 말씀을 참조할 때, 모든 인간과 함께하기 위하여 하늘에서 내려오시어 이 땅에 천막을 치신 '말씀'께서 살고자 하신 곳은, 광야시절 만남의 장막에서 출발하여 예수님 당시의 예루살렘 성전에 이르는, 이러한 성전을 가리킬 것이다(1,51; 2,20; 4,23-24; 탈출 25,8; 민수 35,34). 성전은 하느님 현존의 자리이고 그분의 영광이 드러나는 곳이기 때문이다(탈출 40,34-35; 1열왕 8,10-13; 이사 6,1-4). '말씀'께서는 강생을 통하여 우리의 '참성전'이 되시고, 하느님의 초월적 현존을 드러내는 '참빛'이 되어 빛을 내시기에, 우리가 그분의 '영광'을 보게 된 것이다.

구약성경에서 '영광'은 하느님께서 사람들에게 드러나시는 것을 의미하는데, 때로는 하느님께 봉헌되거나 선택되어 거룩하게 된 사물이나 사람에게서 발산되는 일종의 광채, 또는 자연이나 인간 역사 안에서 하느님의 권능이 나타나는 사건을 가리킨다. 그러므로 여기서 '영광'은 하느님의 현존과 그분 권능의 현현(顯現)을 달리 표현한 것이다.

신약성경에서도 주님의 영광은, 일반적으로 하느님의 신비가 가시적으로 나타나는 것을 가리키는데(루카 2,9; 로마 3,23 참조), 성경은 하느님께서 당신 자신을 드러내시는 경우를 주님의 '발현(theophania: 탈출 19,16-25)'과 '공현(epiphania: 마태 2,1-12)'이라는 어휘로 표현한다. '발현'은 하느님께서 직접 나타나시는 것이고, '공현'은 동방박사들의 방문을 통하여 탄생하신 아기 예수님이 하느님의 아드님으로서 공적으로 드러난 것을 예로 들 수 있다.

그러므로 "우리는 그분의 영광을 보았다."라는 구절은, 하느님 편에서 볼 때 '말씀'의 육화를 통하여 당신 자신을 직접 드러내신 발현인 동시에 우리 인류 편에서 볼 때에는 하느님의 아드님이 강생하셨다는 놀라운 신비가 공적으로 드러났다는 의미(epiphania)인 셈이다. 따라서 세례자 요한처럼 우리도 이를 받아들이고 증언해야 한다.

또한 "은총과 진리가 충만하신 아버지의 외아드님으로서 지니신 영광을 보았다."(1,14ㄴ)라는 고백을 통하여, '말씀'께서 지니신 하느님의 유일하고 절대적인 외아드님이라는 성격이 강조된다. 외아드님이 되심으로써 '말씀'께서는, 성부와 함께 '은총과 진리'를 완벽히 공유하시게 되므로, 이 '외아드님'이라는 칭호 자체가 그분을 영광스럽게 한다. 따라서 이 구절은, 성부와 함께 선재하시는 '말씀'께서 육화와 강생을 통하여 은총과 진리 자체로서, 지상생활을 시작하셨음을 알리는 역할을 한다. 그런데 '은총과 진리가 충만하다.'라는 이 표현은, 다함없는 너그러움으로 은혜를 베푸시는 하느님의 선하심을 특징짓는 구약성경 탈출기를 연상시킨다. "주님은, 주님은 자비하고 너그러운 하느님이다. 분노에 더디고 자애와 진실이 충만하며 천대에 이르기까지 자애

를 베풀고 죄악과 악행과 잘못을 용서한다."(탈출 34,6-7)

　이와 같이 '한처음'부터 하느님 곁에 계신 '아드님'께서, 우리와 똑같은 살을 취한 사람으로 이 세상에 내려오시어 우리 가운데 사시면서, 하느님을 드러내는 최고의 존재가 되셨다(1요한 1,2 참조). 그러나 이어지는 고백에서는 '참빛'이시며 '생명'이신 '말씀'께서 이 세상에 오셨지만, 세상은 그분을 알아보지 못했고 받아들이지도 않았다(요한 1,10-11)는 점이 강조된다. 사람이 되신 '말씀'을 물리침으로써, 세상은 하느님과 그분의 계시, 그리고 그분께서 베푸시는 사랑마저도 배척한 것이다. 이 사실을 받아들이고 믿는 이들은 새 생명으로 태어나게 되지만, 세상은 자기 안에 계시는 더없이 위대하신 분을 받아들이기를 거부하였기 때문에, 요한복음서는 예수님의 수난과 부활로 끝나는 대립을 상기시킨다. 수난과 부활로 정점에 이르는 예수님 생애의 제반 사건을 통해 하느님께서 당신 자신을 영광스럽게 이 세상에 드러내시는 일이 이루어지므로 요한복음에서는 '영광'이라는 주제가 중요하게 강조된다.

　그런데 요한복음에서 눈여겨볼 내용은, 그리스도께서 창조 이전부터 어떤 모습으로 선재하셨는지, 또한 성자께서 당신의 사명을 부여받으실 때 아버지 하느님과 어떤 천상 대화를 나누셨는지에 대한 이야기가 전혀 없다는 점이다. 그리스나 근동지방 신화에서는 그러한 이야기들이 장엄하고 자세하게 언급되지만, 요한복음은 이러한 신화와는 거리가 멀다. 오직 믿음과 성령의 은총으로 깨달음을 더해 가는 이들은, 생명의 원천이신 하느님 아버지께서 바로 예수님이라는 존재와 그분의 말씀과 행적을 통하여 당신의 모습을 친히 드러내시면서 계시하신다는 사실을 믿고 힘차게 고백할 뿐이다. 그러므로 이제부터 이 믿음은 무엇보다 예수님, 곧 하느님의 최종 계시가 이루어지는 그분의 강생하신 아드님에 대한 믿음이 된다(요한 5,38; 8,46-47 참조).

또한 예수님은 사람이 되신 아드님으로서, 사람들에게 성부를 완전히 드러내 보여 주는 분이기 때문에 '진리'이시다. 예수님께서는 당신의 행동과 말씀으로 성부를 나타내 보이신다(1,18; 17,8.14 참조). 또 그렇게 하심으로써 충만하고 참된 생명을 누릴 수 있는 성부와의 일치 속으로 믿는 이들을 인도해 주신다(1,4; 3,16; 6,40.47.63; 11,25; 17,3 참조).

요한의 첫째 서간은 "처음부터 있어 온 것 우리가 들은 것 우리 눈으로 본 것 우리가 살펴보고 우리 손으로 만져 본 것, 이 생명의 말씀에 관하여 말하고자 합니다. 그 생명이 나타나셨습니다. 우리가 그 생명을 보고 증언합니다. 그리고 여러분에게 그 영원한 생명을 선포합니다. 영원한 생명은 아버지와 함께 계시다가 우리에게 나타나셨습니다."(1요한 1,1-2)라는 말로 시작하면서, 생명의 말씀의 강생 신비에 대한 가르침을 이어간다. 특히 이 서간은, "처음부터 있어 온 것 우리가 들은 것 우리 눈으로 본 것 우리가 살펴보고 우리 손으로 만져 본 것"이라는 점을 주장하면서 예수 그리스도의 온전한 인성(人性)을 강조한다. 당시 그리스도교를 철학적으로 해석하며 영지주의 쪽으로 끌고 가려는 자들이 그리스도의 인성을 부정함으로써 그리스도교 신앙 자체를 위태롭게 하던 이단 행위를 원천봉쇄하는 것이다. 여기서 요한은 첫 증인들이 직접 보고 들은 것을 바탕으로 하기 때문에 자기의 증언이 참되다고 확언한다.

이에 대하여 성 아우구스티노는 〈요한의 첫째 서간 주해〉에서 다음과 같이 설명한다.

말씀을 손으로 만져 볼 수 있는 것은 '말씀이 사람이 되셔서 우리와 함께 계셨기' 때문이 아니겠습니까? 우리가 손으로 만질 수 있도록 육신이 되신 이 말씀께서 육신을 취하신 것은 동정녀 마리아의 태중에서였습니다. 그러나 복음사가가 '한 처음, 천지가 창조되기 전부터 말씀이 계셨다.'라고 말할 때 표현하는 대로 말씀의 존재는 동정녀 마리아의 태중에서 시작한 것이 아닙니다. 여러분이 방금 들은 서간의 말씀은 다음의 복음서 말씀으로 확증됩니다. '한 처음, 천지가 창조되기 전부터 말씀이 계셨고, 그 말씀은 하느님과 함께 계셨다.' 여기에는 '생명의 말씀'이라는 말이 나옵니다. 그런데 이 '생명의 말씀'이라는 말이 뜻하는 것은 손으로 만져 본 그리스도의 실제 몸이 아니고 영원한 말씀이신 그리스도라고 생각하는 사람들이 있을지 모릅니다. 그래서 요한은 덧붙여 말합니다. '그 생명이 나타났을 때 우리는 그 생명을 보았습니다.' 그러니까 그리스도는 생명의 말씀이십니다. …그러므로 생명 자체께서는 육신으로 나타나셨습니다. 이렇게 나타나심으로 영적으로만 볼 수 있었던 것이 육신의 눈으로도 볼 수 있게 되어 영혼이 치유되었습니다. 사실 말씀은 영적으로만 봅니다. 그러나 육신은 육신의 눈으로도 봅니다. 우리가 육신을 볼 능력을 가지고 있었지만 말씀으로 볼 능력이 없었습니다. 그래서 말씀께서는 눈으로 볼 수 있는 육신이 되시어 우리 마음을 고쳐 주심으로써 말씀을 볼 수 있는 길이 열렸습니다.

성 베르나르도 아빠스도 강론(*Sermo de Aquaeductu: Opera omnia*. 282-283)에서 강생의 신비에 대하여 다음과 같이 선포한다.

"말씀은 사람이 되시어 지금 우리 가운데 거처하십니다." 그분은 특히 신앙을 통해서 우리 마음속에 거처하시고 우리의 기억 속에 거처하시고 우리 생각 속에 거처하시며 우리의 상상력에까지 내려오십니다. 그분이 이미 우리들 가운데 오지 않으셨다면 사람은 환상이 만들어낸 하나의 우상밖에는 하느님에 대해 무슨 관념을 가질 수 있었겠습니다? 하느님은 파악할 수 없고 다다를 수 없고 보이지 않으시며 결코 인식할 수 없는 분이셨습니다. 그러나 이제 그분은 사람들이 당신을 이해하기를 원하시고 당신을 보기를 원하시며 당신에 대한 관념을 갖기를 원하셨습니다.

요한복음에서처럼 바오로 사도도 필리피 신자들에게 보낸 서간(필리 2,5-11)에서, 창조 이전부터 계시는 성자께서 사람이 되신다는 '선재-강생(先在-降生)'의 신학을 제시하며 예수님의 수난과 부활을 대비시킨다. 이것은 아마도 바오로 사도가 매우 오래된 초기 그리스도 찬가를 손질하여 인용했기 때문으로 추정된다. 이 찬가는 선재하시다가 강생하시어 사람이 되시고 하느님의 '아드님'이 되신 '말씀'께서, 수난과 십자가의 죽음을 통하여 스스로 당신 자신을 낮추셨는데,[6] 하느님께서는 그분을 높이 들어 올리시어 부활의 영광에 이르게 하셨음을 칭송한다.[7]

---

6. "그분께서는 하느님의 모습을 지니셨지만 하느님과 같음을 당연한 것으로 여기지 않으시고, 오히려 당신 자신을 비우시어 종의 모습을 취하시고 사람들과 같이 되셨습니다. 이렇게 여느 사람처럼 나타나, 당신 자신을 낮추시어 죽음에 이르기까지, 십자가 죽음에 이르기까지 순종하셨습니다."(필리 2,6-8)
7. "그러므로 하느님께서도 그분을 드높이 올리시고 모든 이름 위에 뛰어난 이름을 그분께 주셨습니다. 그리하여 예수님의 이름 앞에 하늘과 땅 위와 땅 아래에 있는 자들이 다 무

"예수 그리스도는 주님이시다!"
(필리 2,11)

사실 그리스도께서 모든 피조물이 당신 앞에서 무릎을 꿇는 영광스러운 주님이 되신 것은, 죽은 이들 가운데에서 부활하셨기 때문이다.

이와 같이 하느님께서는 그리스도의 이러한 순종과 자기비하를 부

---

룹을 꿇고, 예수 그리스도는 주님이시라고 모두 고백하며 하느님 아버지께 영광을 드리게 하셨습니다."(필리 2,9-11)

활(또는 승천)로 드높이 올리시어, "예수님의 이름 앞에 하늘과 땅 위와 땅 아래에 있는 자들이 다 무릎을 꿇고, 예수 그리스도는 주님이시라고 모두 고백하며 하느님 아버지께 영광을 드리게"(필리 2,11) 하셨다. 그래서 필리피서는 천상과 지상과 지하에 속한 창조된 우주 전체, 우주의 모든 피조물이 '판토크라토르(παντοκράτωρ)'이신 예수님께, 우주적이고 보편적인 경배를 올리게 되었음을 노래한다.

성 안셀모 주교는 로고스의 선재와 강생, 구속의 신비를 깊이 명상하고 '프로슬로기온'(*Cap. 1: Opera omnia*, 1,97-100.)에서 다음과 같이 기도한다.

주님, 당신은 내 하느님 내 주님이시고, 나는 당신을 뵌 적이 없습니다. 당신은 나를 창조하시고 재창조하셨으며 내가 지니고 있는 모든 좋은 것들은 당신이 나에게 주신 것이지만 아직 나는 당신을 알지 못했습니다. 당신을 뵙도록 나는 지음 받았으나 나는 지음 받은 그 목적을 아직 이루지 못했습니다.

오, 주님, 언제까지, 우리를 언제까지 잊어버리시고, 언제까지 우리에게서 당신 얼굴을 외면하시리이까? 언제 우리를 내려다보시고 언제 우리 말을 들으시리이까? 언제 우리 눈에 빛을 비추시고 언제 당신 얼굴을 우리에게 보여 주시리이까? 언제 다시 우리에게 되돌아 오시리이까?

주님, 우리를 바라보소서. 우리 말을 들으시고 우리에게 빛을 주시며 당신 자신을 우리에게 보여주소서. 우리 일이 잘 되도록 우리에게 되돌아오소서. 당신 없이 잘 될 일이 하나도 없습니다. 당신께 향하려 하는 우리의 노력과 수고를 불쌍히 여기소서. 당신 없이 우리는 아무 쓸모가 없습니다.

주님, 당신을 찾는 방법을 가르쳐 주시어 찾는 이에게 당신을 보여주소서. 당신이 가르쳐 주지 않으신다면 당신을 찾을 수 없고 당신이 당신 자신을 보여 주지 않으신다면 내가 당신을 찾아낼 수 없습니다. 나 당신을 갈망할 때 찾고, 찾을 때 갈망하며, 사랑할 때 찾아내고, 찾아낼 때 사랑하게 하소서.

# 로고스 찬가(머리글 2): 하느님이신 말씀_외아드님 예수님

02

> 아무도 하느님을 본 적이 없다.
>
> 아버지와 가장 가까우신 외아드님
>
> 하느님이신 그분께서 알려 주셨다.(1,18)

로고스 찬가 후반부(1,15-18)에서 요한복음은, 창조 이전부터 존재(선재)하시다가 강생하시어 사람이 되시고 하느님의 '아드님'이 되신 '말씀'께서, 수난과 영광을 통하여 우리의 '메시아(그리스도)'와 '주님과 하느님'(1,1.18; 20,28 참조)이 되셨음을 장엄하게 선포하며 칭송한다.

찬가 전반부에서 후반부로 바로 이어지는 구절은 '말씀'의 선구자(세례자) 요한에 관한 내용을 다시 전한다. "그분은 내가 이렇게 말한 분이시다. '내 뒤에 오시는 분은 내가 나기 전부터 계셨기에, 나보다 앞서신 분이시다.'"(1,15) '말씀'께서 육화와 강생을 통하여 지상생활을 시작하셨음을 증언하는 세례자 요한은 예수님께서 역사적으로는 자기보다 늦게 오셨지만, 그분의 출신과 하느님에게서 받으신 사명은 자기보다 월등히 높다는 점을 강조한다. 그는 사람이 되신 은총과 진리

"아무도 하느님을 본 적이 없다.
아버지와 가장 가까우신 외아드님 하느님이신
그분께서 알려 주셨다."(1,18)

의 이 '말씀'을 앎으로써, '은총에 은총'을 충만히 받아 그분께만 있는 영성적 은혜의 '충만함'을 점점 더 많이 누릴 수 있게 된다고 전한다.

그러나 우리 인간은 근본적으로 하느님을 직접 아는 데까지 이를 능력이 없다(신명 4,12; 시편 97,2). 다만 그것을 갈망하면서 필립보처럼 예수님께, "주님, 저희가 아버지를 뵙게 해 주십시오. 저희에게는 그것으로 충분하겠습니다."(요한 14,8) 하고 간청할 따름이다. 이와 같이 "아무도 하느님을 본 적이 없기에" 누군가가 그분에 대하여 알려 주어야 하는데, 고맙게도 하늘에서 내려오신 "아버지와 가장 가까우신 외아드님, 하느님이신 그분께서 알려 주셨다."(요한 1,18)

여기서 성부와 성자께서 그 누구보다 밀접한 관계를 맺고 계심을 드러내는 '아버지와 가장 가까우신 외아드님'이라는 표현은, 1절의 '하느님과 함께 계신' '말씀(로고스)'을 비유적으로 표현한 것이다. 사실 이 외아드님은 한처음에 하느님과 함께 계신 '말씀'이셨고 본성상 하느님이셨으므로(1,1), 그분은 아버지 안에 계시고 아버지께서도 그분 안에 계신다(14,10-11). 그러므로 이 표현은, 성부의 생명을 아무런 제한 없이 공유하시는 성자 예수님만이 당신의 존재 자체로, 말씀과 행동으로 하느님을 드러내고 보여 주는 유일한 분이시고, 사람들을 참다운 깨달음과 생명으로 인도하실 수 있는 분이라는 의미다. "나는 길이요 진리요 생명이다. 나를 통하지 않고서는 아무도 아버지께 갈 수 없다. 너희가 나를 알게 되었으니 내 아버지도 알게 될 것이다. 이제부터 너희는 그분을 아는 것이고, 또 그분을 이미 뵌 것이다."(요한 14,6-7)라는 말씀처럼, '은총'과 '진리'이신 예수님을 알게 되면 아버지도 알게 될 것이다.

그런데 하느님께서는 형언할 수 없는 일치로 당신과 하나를 이루시는 예수님의 온 생애, 곧 그분의 언행을 통하여 당신의 모습을 완전히 드러내는 분이시다. 무엇보다 예수님께서는 수난과 부활을 통하여 당신을 온전히 드러내시는데, 하느님께서는 지상의 이 예수님 죽음과 부활 안에서 당신 자신을 완전히 계시하신다.

로고스 찬가는 "아무도 하느님을 본 적이 없다. 아버지와 가장 가까우신 외아드님, 하느님이신 그분께서 알려 주셨다."(1,18)라는 증언으로 마무리된다. 하느님의 로고스, 외아드님, 사람들의 빛과 생명, 은총과 진리, 하느님이신 그분(예수님)께서 하느님을 알려주셨다. 이처럼 예수 그리스도께서는 하느님의 영원하신 아드님으로서, 하느님 아버지를 완벽하게 드러내 알려주셨는데, 곧바로 세례자 요한의 증언(요한 1,19 이하)으로 이어지는 요한복음의 전체 내용이 이 사실을 증언한다. 이와 같이 요한복음은 모든 독자에게 하느님의 '말씀'이시며 '외아드님'이신 예수님께서, 우리의 '메시아(그리스도)', '주님'이시며 '하느님'이심을 깨달아 고백하고, 세례자 요한처럼 이를 증언해야 한다는 점을 촉구한다.

그런데 로고스 찬가인 머리글 이후, 요한복음서에서는 예수 그리스도를 지칭하는 '말씀'이라는 표현이 더 이상 등장하지 않는다. 그 밖에 성경에서 '말씀'과 연계해 예수님을 지칭하는 표현은 '생명의 말씀'(1요한 1,1)[1]과 '하느님의 말씀'(묵시 19,13)[2]이라는 표현뿐이다. '말씀'께서

---

1. "처음부터 있어 온 것 우리가 들은 것 우리 눈으로 본 것 우리가 살펴보고 우리 손으로 만져 본 것, 이 생명의 말씀에 관하여 말하고자 합니다."(1요한 1,1)
2. "그분의 눈은 불꽃 같았고 머리에는 작은 왕관을 많이 쓰고 계셨는데, 그분 말고는 아무도 알지 못하는 이름이 그분 몸에 적혀 있었습니다. 그분께서는 또 피에 젖은 옷을 입고 계셨

사람들 가운데 사셨으므로, 제자들을 비롯하여 그분 생애의 증인들은 그분을 자기 눈으로 보고, 손으로 만지며 그분을 '생명의 말씀'으로 선포할 수 있었다. 요한복음의 대상이었던 그리스도 공동체의 경우가 여기에 해당한다. '생명의 말씀'이라는 예수님의 이 칭호는, 지금까지 예수님의 신원에 대하여 고백해온 하느님의 아드님·사람의 아들·예언자·하느님의 어린양을 능가하는 표현으로, '은총과 진리' 자체이시며 하느님과 함께 선재하신 '말씀', 곧 예수님을 '하느님'으로 고백하는 것이다.

---

고, 그분의 이름은 '하느님의 말씀'이라고 하였습니다."(묵시 19,12-13) 여기서는 하느님을 거역하는 세력들을 물리친 종말론적 승리자라는 의미에서 예수님을 '하느님의 말씀'(묵시 19,13)이라고 표현한다.

# 첫째 표징: 카나의 혼인 잔치 | 03

요한복음의 '표징(σημεῖον, 세메이온)'과 공관복음의 '기적(δύναμις, 뒤나미스)'이라는 어휘는 차이가 있다. '기적'이 구체적인 사건을 통해 드러나는 예수님의 능력에 초점을 맞춘다면, '표징'은 그 사건을 일으키신 예수님의 신원과 정체성에 초점을 맞춘다. 머리글 로고스 찬가에서 "한처음에 말씀이 계셨다. 말씀은 하느님과 함께 계셨는데, 말씀은 하느님이셨다."(1,1) 하고 선언하듯이, 예수님의 신원은 하느님과 함께 선재하시는 '말씀'·'빛과 생명'·'은총과 진리' 자체, 곧 '하느님'이시다. 이와 같이 요한복음은 처음부터 예수님의 신성(神性)을 선포하면서 시작하는데, 예수님께서 행하는 행적들은 곧바로 그분의 신성을 드러내는 표징이 된다.

그런데 요한복음은 '예수님의 신원' 단락(8,21-30)에서, 당신의 신원과 관련하여 예수님께서 친히 밝히신 내용을 전한다. 유다인들이 "당신이 누구요?" 하고 묻자 예수님께서는 "너희는 사람의 아들을 들어 올린 뒤에야 내가 나임을 깨달을 뿐만 아니라, 내가 스스로는 아무것도 하지 않고 아버지께서 가르쳐 주신 대로만 말한다는 것을 깨달을

"이렇게 예수님께서는
처음으로 갈릴래아 카나에서 표징을 일으키시어,
당신의 영광을 드러내셨다."(2,11)

것이다. 나를 보내신 분께서는 나와 함께 계시고 나를 혼자 버려두지 않으신다. 내가 언제나 그분 마음에 드는 일을 하기 때문이다."(8,28-29) 하고 답변하신다. '내가 나임'을[1] 깨달으라는 예수님의 말씀은, 당신의 신원이 성부와 같은 차원의 신적인 존재, 그러므로 절대적으로 성실하시고 또 믿을 수 있는 분이라는 사실을 깨달으라는 것이다. 이것은 당신이 십자가에 못 박혀 들어 올려지실 때, 동시에 아버지의 영광 속으로도 들어 올려지신다는 사실을 통하여 드러날 것이다(3,14-15; 12,32.34). 아울러 예수님께서는 당신이 하시는 말이나 일은 아버지께서 직접 하시는 일이라고 말씀하시면서,[2] 당신이 일으키는 표징들 역시 모두 하느님께서 하시는 일, 곧 하느님의 구원 업적 전체를 드러내는 것임을 강조하신다(5,18; 8,28.42).

요한복음의 둘째 부분에 해당하는 '표징의 책'(1,19-12,50)에서 요한은, 서로 연관된 여러 표징(또는 사건)과 가르침을 전하려고 애쓰는데, 첫 번째 표징인 카나의 혼인 잔치에서도 이 점이 발견된다. 그런데 왜 예수님께서는 카나에서 물을 포도주로 바꾸는 이적을 첫 번째 표징으로 일으키셨을까?

예수님께서 메시아 시대를 상징하는 혼인 잔치를 배경으로 첫 번째

---

1. 여기서 '나는 나다(Ἐγώ εἰμι)'라는 형식이 사용되었는데, 이것은 시나이 산에서 이루어진 대계시(大啓示), 곧 "나는 있는 나다(אֶהְיֶה אֲשֶׁר אֶהְיֶה/ehyeh aser ehyeh: Ἐγώ εἰμι ὁ ὤν)."를 시사할 수도 있다(탈출 3,14ㄱ).
2. "내가 아버지 안에 있고 아버지께서 내 안에 계시다는 것을 너는 믿지 않느냐? 내가 너희에게 하는 말은 나 스스로 하는 말이 아니다. 내 안에 머무르시는 아버지께서 당신의 일을 하시는 것이다."(요한 14,10)

표징을 일으키신 점에 주목하게 된다. 이 표징은 구약성경이 예고한 대로, 육화를 통하여 종말론적 메시아로 이 세상에 강생하신 예수님께서, 당신의 '메시아(그리스도)' 시간과 시대의 개막을 알리는 일종의 팡파르 같은 역할을 하는 것이 아닐까! 사실 혼인 잔치는 구약성경에서 종말에 있을 풍요로움을 드러내는 상징으로 많이 사용된다(호세 2,18-19; 이사 62,4-5). 특히 잔치에서 흥을 돋우어주는 포도주 역시 메시아 시대의 종말론적 잔치의 풍요로움을 상징한다(이사 25,6; 요엘 2,19; 아모 9,13).[3] 루카복음[4]에서 예수님께서는 '하느님의 나라'를 유다식으로 표현하시어, 선택된 이들이 성조들과 예언자들을 중심으로 모이는 '메시아의 잔치'(이사 25,6)로 소개하신 바 있다. 요한복음은 구약성경의 전승을 이어받아(이사 66,19), 이 첫 번째 표징을 통하여 종말의 사건이 예수님에게서 일어나고 있음을 증언하는 것이다.

이 잔치 장소에는 '돌로 된 물독 여섯 개'가 마련되어 있었는데,[5] 아마도 이 물독은 잔치에 초대받은 사람들의 정결례를 돕기 위해 준비된 것으로 보인다. 유다교에서는 물론, 신약성경에서도 중요하게 여기는 정결례 규정과 관련하여 마르코 복음은 "본디 바리사이뿐만 아니라 모든 유다인은 조상들의 전통을 지켜, 한 움큼의 물로 손을 씻지 않고서는 음식을 먹지 않으며, 장터에서 돌아온 뒤에 몸을 씻지 않고서는

---

3. 그밖에 메시아 잔치의 표상에 관해서는 이사 25,6-8; 55,1-2; 65,13-14; 마태 8,11; 22,1-4 참조.
4. "너희는 아브라함과 이사악과 야곱과 모든 예언자가 하느님의 나라 안에 있는데 너희만 밖으로 쫓겨나 있는 것을 보게 되면, 거기에서 울며 이를 갈 것이다."(루카 13,28)
5. "거기에는 유다인들의 정결례에 쓰는 돌로 된 물독 여섯 개가 놓여 있었는데, 모두 두세 동이들이었다."(요한 2,6)

음식을 먹지 않는다. 이 밖에도 지켜야 할 관습이 많은데, 잔이나 단지나 놋그릇이나 침상을 씻는 일들이다."(마르 7,3-4) 하고 전한다. 그런데 요한복음은 이 물독이 비어있었다는 점을 넌지시 알려준다.

예수님께서 일꾼들에게 이 물독에 물을 채운 다음, 그것을 퍼서 과방장에게 날라다 주라고 말씀하시자, 일꾼들은 그 말씀대로 하였다. 이것을 맛본 과방장은 신랑을 불러 "누구든지 먼저 좋은 포도주를 내놓고, 손님들이 취하면 그보다 못한 것을 내놓는데, 지금까지 좋은 포도주를 남겨 두셨군요." 하고 말하면서 감탄하였다.

오랜 관습에 따라 잔치 장소에 정결예식용 물독이 준비되어 있었지만, 그 물독이 더 이상 쓸모가 없게 되어 비어있었기 때문에, 예수님께서 일꾼들에게 빈 "물독에 물을 채워라."(7절) 하고 지시하심으로써 빈 물독을 채운 물이 포도주로 변하였다. 이 첫 번째 표징을 전하면서, 요한복음은 이것이 구약의 옛 계약에서 새 계약으로 넘어감을 상징하는 것으로 이해한다. 예수님께서 새로운 시간을 여심과 동시에, 이제 과거의 전통과 관습들은 더 이상 아무런 역할도 하지 못한다는 점을 강조한다.

이와 같이 첫 번째 표징을 통하여 요한은, 하느님의 아드님이신 예수님과 함께 옛 시대는 마감되고 새로운 메시아의 시대가 시작되었다는 사실을 증언하면서, 모든 이가 제자들처럼 이를 깨닫고 받아들일 것을 촉구한다.

그런데 잔치 중에 포도주가 떨어진 것을 눈치 채고 예수님의 어머니가 "포도주가 없구나." 하고 말씀드리자, 예수님께서 어머니에게 "여인이시여, 저에게 무엇을 바라십니까? 아직 저의 때가 오지 않았습니다."(4절) 하고 말씀하신다. 여기서 예수님께서는 당신의 '때'가 이제 시작일 뿐, 아직 결정적인 때가 오지 않았다고 말씀하시는 것이다. 여기서 사용된 '때'를 지칭하는 그리스말 'ὥρα, 호라'[6]는 요한복음에서 표징의 책(요한 1-12장) 끝부분인 예루살렘 입성(요한 12,12-19) 전까지는 부정적인 의미로 사용되다가, 그리스인들이 예수님을 찾아간 것을 전하는 단락에서, "사람의 아들이 영광스럽게 될 때가 왔다."(12,23)라는 예수님의 말씀을 기점으로 긍정적인 의미로 사용된다. 십자가의 죽음을 눈앞에 두신 예수님께서 "이제 제 마음이 산란합니다. 무슨 말씀을 드려야 합니까? '아버지, 이때를 벗어나게 해 주십시오.' 하고 말할까요? 그러나 저는 바로 이때를 위하여 온 것입니다."(12,27) 하신 말씀을 참조할 때, 예수님의 '때'는 죽음과 부활을 통하여 영광스럽게 되시는 때를 지칭한다.

이와 같이 요한복음에서 '때'는 "이 세상에서 아버지께로 건너가실 때"(13,1), 곧 그분의 죽으심과 부활의 때를 가리키면서, 일반적으로 예수님의 신적인 영광이 드러나는 시간을 가리키지만, 대부분의 경우 이러한 '때'는 십자가의 시간을 의미한다. 십자가에 거양되시는 그 시간, 그 '때'에 예수님께서 영광 속으로 들어가시기 때문이다(7,30; 8,20; 12,23.27; 13,1; 17,1). 그러므로 이 '때'는 예수님이 자유롭게 결정하시는 것이 아니라 아버지의 뜻에 의해서 좌우된다.

---

6. "아직 저의 때가 오지 않았습니다."(4절)에서처럼 요한복음에서는 당신의 '때'와 관련된 표현이 적지 않게 발견된다. 여기서처럼 그리스말 '호라'가 주로 사용되고(요한 2,4; 7,30; 8,20; 12,23.27(2번); 13,1; 16,32; 17,1), 또 다른 그리스말 '카이로스'가 사용된 경우는 두 번 발견된다(요한 7,6.8). 시간 또는 때를 표현하는 이 두 그리스말 '호라'와 '카이로스'의 의미는 이 단어가 속한 문장의 문맥 안에서 결정된다.

이 '때'는 또한 예수님께서 물을 포도주로 바꾸시는 표징을 통하여 영광이 미리 드러나도록 하느님께서 정하신 시간이 될 수도 있는데, 예수님과 어머니의 대화에 담긴 다음과 같은 함축적인 내용 안에서 그 예를 찾을 수 있다.

예수님께서는 당신의 영광을 드러낼 기적(11절)이 오로지 하느님 아버지의 뜻에 따라 이루어진다는 점을 잘 알고 계셨다. 그래서 잔치 도중 포도주가 떨어진 것을 알아챈 어머니가 "포도주가 없구나."라고 하는 걸 들으시고도, 어머니와 일정한 거리를 두시면서 "여인이시여, 저에게 무엇을 바라십니까? 아직 저의 때가 오지 않았습니다." 하고 말

"물독의 물을 채워라."(2,7)

씀하셨다. 이에 대하여 어머니는 예수님을 신뢰하면서 일꾼들에게 "무엇이든지 그가 시키는 대로 하여라."(2,4-5)라고 하셨다. 예수님께서는 어머니의 말씀에 반응을 보이지 않으시다가, "물독에 물을 채워라." 하고 말씀하심으로써 첫 번째 표징을 극적으로 일으키셨다.

참고로 어머니를 '여인이시여'라고 부르는 것이 우리에게는 좀 거슬리고 부적절해 보이지만, 외국의 언어 관습을 제대로 이해할 경우 어려움이 해결될 수 있다. 요한복음에 따르면, 예수님께서는 십자가 위에서 돌아가시기 바로 전에 다시 한 번 '여인'이라는 이 호칭으로 어머니를 부르신다(19,26). 이에 해당하는 그리스말은 'γυνή, 귀네'인데, 미혼이든 기혼이든 장성한 여인을 가리키므로 문맥에 따라 '여자, 여인, 아내, 부인' 등으로 옮긴다. 그리스말을 쓰는 지역에서는 이 낱말이 일반적으로 외간 여자를 공손하고 점잖게 부르는 호칭으로 사용된다. 예수님께서도 당신이 기적을 베풀어 주신 여인들(마태 15,28; 루카 13,12), 긴 대화를 나눈 사마리아 여인(4,21), 간음하다 들킨 여인(8,10), 마리아 막달레나(20,15)를 이 호칭으로 부르신다. 확실히 어머니를 이렇게 부르는 경우는, 특히 히브리말과 아람말 등 셈족말을 하는 지역에서는 특이한 일이다. 이 호칭은 이어지는 물음과 함께(그리스말 본문에서는 호칭이 물음 뒤에 나온다) 예수님과 마리아 사이의 어떤 거리감을 나타내는 것이 사실이다. 그러나 이 호칭에 상대를 비하하거나 관계를 부정하는 의미가 들어 있는 것은 아니다. 최근 학계에서는 오히려 애정 어린 표현으로 이해하려는 경향이 있다.[7]

---

7. 플라비우스 요세푸스의 『유다 고대사』(Ant 17,74)에 따르면, 헤로데 안티파테르의 막내아

물론 예수님께서 어머니의 요청 때문에 아직 오지 않은 당신의 '때'를 앞당기신 것은 아니다. 그러나 당신의 결정적 영광의 '때'인 골고타 십자가 밑에서 당신의 마지막 순간까지도 함께하면서, 당신에 대한 절대적인 신뢰를 보낼 어머니의 신앙의 모습을 미리 예견하시고 지금 당장은 아닌, 그래서 아직은 도래하지 않은 당신의 '때'를 서두르신 것은 아닐까! 아들 예수님의 공생활 처음부터 마지막 순간까지 그분의 '때'를 동행한 마리아를 우리는 '교회의 어머니'로 모시고 있다. 마리아는 요한복음에서 예수님의 첫 표징인 카나의 혼인 잔치와 예수님께서 십자가에서 숨을 거두시기 전인 수난사 끝부분(19,25-27)에 '여인'이라는 칭호와 함께 등장한다. 이처럼 요한복음은, 마리아께서 예수님의 영광이 처음으로 드러나는 순간과 그분의 영광의 때의 절정이며 완성인 십자가와 죽음의 순간에 제자들과 함께 그 자리를 지키고 있었음을 강조한다. 이러한 배치는 상당히 의도적이고 신학적으로 보인다.[8]

또한 요한복음은 '표징의 책'(1,19-12,50)[9] 첫 부분 내용들(요한 1,19-2,12)을 신학적으로 첫 한 주간에 일어난 사건으로 소개한다. 즉 이 '표징의 책'을 시작하는 세례자 요한의 증언(1,19-28)을 출발점으로, 지금

---

들이자 헤로데 대왕의 동생인 '페로라스(Pheroras, 기원전 68-5년경)'가 아버지 헤로데에게 보낸 글에서 자기 아내를 '여인'이라고 지칭한다. 이를 근거로 최근 학자들은 이 칭호가 가까운 사람 사이의 친근함과 애정을 드러내는 표현이라고 주장한다.

8. 아울러 당신 자신을 봉헌하시어, 카나의 혼인 잔치를 시작으로 십자가 죽음으로 공생활을 마감하시는 예수님과 함께하신 성모 마리아의 삶을 "성모님에게 있어 그리스도의 어머니가 되신 것보다 그리스도의 제자가 되신 것이 더 큰 영예이고 더 큰 행복입니다."(*Sermo* 25,7-8; PL 46,937-938)라는 한 문장으로 정리한 아우구스티노 성인의 말씀은 깊은 울림을 준다!

9. 서론에서 살펴보았듯이, 대부분의 학자들은 요한복음의 구조를 머리글(1,1-18), 표징의 책(1,19-12,50), 영광의 책(13,1-20,31), 부록(21,1-25)으로 나눈다.

다루고 있는 카나의 혼인 잔치(2,1-12)까지 모두 한 주간에 일어난 사건으로 소개하면서, 예수 그리스도의 메시아 시대, 곧 천지창조에 버금가는 '새 창조의 첫 주간'이 시작되었음을 알린다.

요한복음은, 앞으로 전개될 복음서의 내용을 축약하여 소개한 머리글(1,1-18)에 이어, 첫날 요르단 강 건너편 베타니아에서 세례자 요한이 자기와 예수님의 관계에 대하여 고백하고(1,19-28), 그 이튿날에는 예수님을 하느님의 어린양(1,29-34)으로 증언한 내용을 전한다. 또 그 다음날에는 요한의 제자들이 예수님의 첫 제자가 되는 장면을 전하며(1,35-42), 그 이튿날에는 예수님께서 필립보와 나타나엘을 부르시는 단락이 이어진다(1,43-51). 그리고 바로 이어지는 카나의 혼인 잔치 단락은 "사흘째 되는 날, 갈릴래아 카나에서 혼인 잔치가 있었는데, 예수님의 어머니도 거기에 계셨다."(2,1)라고 시작한다. 그러므로 이 "사흘째 되는 날"은, 예수님께서 나타나엘에게 약속의 말씀을 하시고 나서(1,51) 사흘 뒤, 그러니까 요한이 베타니아에서 예수님을 증언한 지(1,28) 이레 뒤를 뜻한다.

7일간의 천지창조를 전하는 창세기처럼[10] 요한복음은 일곱째 날에 예수님께서 물을 포도주로 바꾸는 첫 번째 표징을 일으키심으로써 당신의 영광을 드러내시고, 이 표징과 함께 메시아 시대의 한 주간을 마무리하셨다는 점을 암시한다. "이렇게 예수님께서는 처음으로 갈릴래아 카나에서 표징을 일으키시어, 당신의 영광을 드러내셨다. 그리하여

---

10. 참조: 창세 1,1-2,4ㄱ. 또한 "이는 주님이 엿새 동안 하늘과 땅과 바다와 그 안에 있는 모든 것을 만들고, 이렛날에는 쉬었기 때문이다. 그러므로 주님이 안식일에 강복하고 그날을 거룩하게 한 것이다."(탈출 20,11)라는 부분도 참조.

제자들은 예수님을 믿게 되었다."(2,11)

이와 같이 '표징'은 예수님께서 당신의 영광은 물론 하느님의 영광을 드러내는 것이며 이를 통하여 당신의 신원을 계시하고 이에 대한 믿음으로 인도하는 역할을 한다. 그러므로 예수님께서 하나의 기적으로 일으키신 표징은, 그 자체로 종말론적 사건이 되며 이를 일으키신 예수님께 대한 믿음을 촉구한다.

그런데 이 첫 번째 표징은 앞에서 언급한 바와 같이 "사흘째 되는 날, 갈릴래아 카나에서 혼인 잔치가 있었는데, 예수님의 어머니도 거기에 계셨다."(요한 2,1)라는 말씀으로 시작한다. 이 본문처럼 성경에서는 '사흘'과 관련된 표현이 적지 않게 발견된다.[11] 성경의 이 '사흘'이라는 표현에는 실제적인 의미 또는 상징적인 의미가 포함되어 있다. 이 표현이 사용된 성경 본문들은 주로 하느님의 업적과 연결되며, 상징적인 의미에서 하느님의 영광이 드러나는 사건을 나타낸다. 그래서 일부에서는 성경이 말하는 이 '사흘'이 '하느님의 시간'이라고 주장하기도 한다.

---

11. 구약 및 신약성경에서 '사흘'과 관련된 표현이 100여 차례 발견되는데 몇 가지 예를 들면 다음과 같다. "그러면 그들이 너의 말을 들을 것이다. 너는 이스라엘의 원로들과 함께 이집트 임금에게 가서, '주 히브리인들의 하느님께서 저희에게 나타나셨습니다. 그러니 이제 저희가 광야로 사흘 길을 걸어가, 주 저희 하느님께 제사를 드릴 수 있도록 허락해 주십시오.' 하고 말하여라."(탈출 3,18); "주 저희 하느님께서 말씀하신 대로, 저희는 광야로 사흘 길을 걸어가 그분께 제사를 드려야 합니다."(탈출 8,23); "자, 주님께 돌아가자. 그분께서 우리를 잡아 찢으셨지만 아픈 데를 고쳐 주시고 우리를 치셨지만 싸매 주시리라. 이틀 뒤에 우리를 살려 주시고 사흘째 되는 날에 우리를 일으키시어 우리가 그분 앞에서 살게 되리라."(호세 6,1-2); "주님께서는 큰 물고기를 시켜 요나를 삼키게 하셨다. 요나는 사흘 낮과 사흘 밤을 그 물고기 배 속에 있었다."(요나 2,1)

둘째 표징:
# 왕실 관리의 아들을 살리시다

04

"너희는 표징과 이적을 보지 않으면 믿지 않을 것이다."(4,48)

공관복음서에는 예수님께서 공생활 중에 파스카 축일을 한 번 지내는 것으로 나오지만, 요한복음서에서는 갈릴래아와 예루살렘에서 여러 차례, 곧 여러 해 지내신 것으로 언급된다(2,13; 5,1; 6,4; 11,55). 이 두 번째 표징은 첫 번째 파스카(2,13-4,54) 시기의 마지막 부분에 해당한다. 예수님께서는 유다인들의 축제 때에 이 표징을 일으키시고 그와 관련된 담화를 통하여 하느님과 당신에 관한 계시를 하시는 등 의미 깊은 행동을 하셨다.

두 번째 표징은 왕실 관리 한 사람이, 유다를 떠나 갈릴래아에 가셨다가 물을 포도주로 변화시킨 이적을 행하신 카나로 다시 돌아오신 예수님을 찾아와, 자기 아들이 죽게 되었으니 카파르나움으로 내려가시어 아들을 고쳐 주십사고 청하자 예수님께서 그 아들을 치유하신 이적이다. 이 표징 이야기는 공관복음서에 나오는 백인대장의 종(노예)을 고쳐주신 일화(마태 8,5-13; 루카 7,1-10)와 여러 가지 모습에서 비교된

"'가거라. 네 아들은 살아날 것이다.'
그 사람은 예수님께서
자기에게 이르신 말씀을 믿고 떠나갔다."(4,50)

다. 치유를 요청하는 주체와 그 대상이 요한복음에서는 '왕실 관리의 아들'인 반면, 공관복음에서는 '백인대장의 병든 종'이라는 점에서 약간의 차이점이 발견된다.

그렇지만 요한복음의 '왕실 관리'나 공관복음의 '백인대장'은 같은 인물로 추정된다. 우선 요한복음에서 '왕실 관리'로 옮긴 그리스말 'βασιλικός(바실리코스)'는 '왕족', 또는 '왕을 섬기는 자'를 뜻하는데, 여기에서는 헤로데 안티파스 임금을 곁에서 모시는 관리로 여겨진다. 한편 공관복음에 등장하는 '백인대장'은 백 명의 군사로 이루어진 부대를 지휘하는 로마 군대의 장교로, 문맥에 따르면 이 백인대장은 유다인이 아닌 이교인이 틀림없지만, 그렇다고 반드시 로마인이라고 생각할 필요는 없다. 당시 헤로데 안티파스 임금은 주변의 모든 지역에서 군사들을 모집하였기 때문이다. 따라서 치유를 요청하는 주체는 같은 인물로 보는 것이 타당해 보인다. 다만 치유의 대상은 '아들'과 '종(또는 노예)'이라는 커다란 차이가 있다.

병의 치유를 전하는 이야기에서 성경이 중요하게 다루는 것은 기적 그 자체가 아니라, 예수님께서 기적을 일으키도록 만드는 믿음이다. 이 두 번째 표징에서 강조되는 것도 바로 이 믿음이다. 그 왕실 관리가 카나에 계신 예수님께 "주님, 제 아이가 죽기 전에 같이 (카파르나움으로) 내려가 주십시오." 하고 간청하자, 예수님께서는 그에게 "너희는 표징과 이적을 보지 않으면 믿지 않을 것이다."(4,48) 하고 이르셨다. 그래도 관리가 예수님께 "주님, 제 아이가 죽기 전에 같이 내려가 주십시오." 하고 다시 간청하자, 예수님께서 그에게 "가거라. 네 아들은 살아날 것이다." 하고 말씀하셨다. 관리는 예수님께서 자기에게 이르신 말씀을 믿고 떠나갔다.

왕실 관리의 신앙은 단순히 예수님께서 멀리 있는 환자의 병을 고치실 수 있다거나, 질병에 대하여 특별한 권능을 지니셨다고 믿은 데에 그치지 않았다. 그는 예수님께서 하느님을 대신하여 말씀하시고 일하신다는 사실을 믿고 있었기에, 그분의 말씀과 권위를 어떠한 조건이나 유보도 없이 받아들이면서 믿고 떠났던 것이다. 예수님께서는 관리의 아들이 누워있는 현장에서 그를 치유하신 것이 아니라, 멀리 떨어진 곳에서 관리의 믿음을 보시고 그 아들의 병을 고쳐주셨다.

두 번째 표징을 보이시기 전에 예수님께서는 왕실 관리에게 "너희는 표징과 이적을 보지 않으면 믿지 않을 것이다."(4,48) 하고 말씀하셨다. 오직 기적을 요청하는 데에만 머무는 믿음으로는 충분하지 않은데, 신앙이란 한 번의 믿음으로 끝나는 것이 아니라 긴 여정이기 때문에 그렇다. 예수님께서 자기에게 이르신 말씀을 믿고 떠나간 왕실 관리처럼 예수님과 그분의 말씀에 대한 망설임 없는 믿음과 신뢰만이 사람을 생명으로 이끌어 준다.

이처럼 두 번째 표징 일화에서는 전체적으로 믿음과 생명의 관련성, 그리고 죽음과 생명의 대립을 보게 된다. 바로 앞부분인 '사마리아 여인과의 대화'(4,1-42)에서 예수님께서는 당신이 살아 있는 물의 근원이심을 밝히셨다(4,4-26). 이 두 번째 표징(4,46-54)에 이어지는 다음 단락 '벳자타 못 가에서 병자를 치유하신 일화'(5,1-30)에서도, "아버지께서 죽은 이들을 일으켜 다시 살리시는 것처럼, 아들도 자기가 원하는 이들을 다시 살린다."(5,21) 하고 말씀하시면서 당신을 믿는 이들을 죽음에서 생명으로 건너가게 해 주시는 권한이 당신께 있음을 계시하셨다.

요한복음에서 표징은 종말에 일어날 사건이 예수님에게서 성취되고 있음을 가리키는 상징적 행동을 지칭한다. 이러한 표징들을 통하여 요한은 모든 사람이 예수님께서 하느님의 아드님이심을 깨닫도록 촉구한다. 믿음은 예수님께서 하신 일을 '표징'으로 받아들이는 데에서 생겨난다. 그러므로 빵의 기적을 보고 열광하는 군중에게 예수님께서 "내가 진실로 진실로 너희에게 말한다. 너희가 나를 찾는 것은 표징을 보았기 때문이 아니라 빵을 배불리 먹었기 때문이다."(6,26) 하고 말씀하신 것처럼, 그분의 권능을 사실로 인정하더라도 그 사실의 참의미를 깨닫지 못하면 '표징'을 제대로 이해하지 못한 것이다.

셋째 표징:
# 벗자타 못 가에서 병자를 고치시다 | 05

"아버지께서 죽은 이들을 일으켜 다시 살리시는 것처럼,

아들도 자기가 원하는 이들을 다시 살린다."(5,21)

요한복음에서 표징을 통한 계시는 조금씩 진전한다. 첫 번째 표징인
카나의 혼인 잔치는 여러 '표징의 시작'(2,11)이었고, 왕실 관리의 아들
을 살리신 두 번째 표징은 유다를 떠나 갈릴래아로 가시어 일으키셨는
데(4,54) 그곳에서 또 다른 표징들도 보이셨다(6,2).

　두 번째 표징에 이어 세 번째 표징도 믿음과 생명이 관련된 주제를
다루는데, 이 일화는 여러 가지 모습에서 중풍 병자를 고치신 마르코
복음의 이야기(마르 2,1-12)를 연상시킨다. 이 두 일화는 모두 예수님의
치유 능력이 인간에게 영원한 생명을 부여하는 능력의 표징이라는 점
을 강조한다. 그런데 여기서 유다인들이, 안식일에 예수님께서 병자에
게 "일어나 네 들것을 들고 걸어가거라."(5,8) 하고 말씀하심으로써 안
식일의 규정을 어기셨다고 주장하면서 그들과 충돌이 일어난다. 하지
만 이 논쟁은 예수님께서 당신 자신이 누구신지를 계시하는 계기도 되

"예루살렘의 '양 문' 곁에는
히브리 말로 벳자타라고 불리는 못이 있었다.
그 못에는 주랑이 다섯 채 딸렸는데, 그 안에는 눈먼 이, 다리저는 이,
팔다리가 말라비틀어진 이 같은 병자들이 많이 누워 있었다."(5,2-5)

었다.

예루살렘의 '양 문' 곁에는 히브리말로 '벳자타'라고 불리는 못이 있었는데, 그 주변에는 서른여덟 해나 앓는 사람을 포함하여 여러 부류의 병자들이 많이 누워 있었다. 예루살렘 북쪽, 성벽의 북동쪽 모서리에 있던 '양 문'(5,2)은 느헤미야 시대에 세워 봉헌한 곳으로(느헤 3,1 참조), 양이나 염소 등 희생 제물로 바칠 작은 짐승들이 이곳을 통과하였기 때문에 그렇게 불렸다.

그리스말 일부 수사본에 따르면, 5장 3절 끝과 4절에 "그들은 물이 움직이기를 기다리고 있었다(4절). 이따금 주님의 천사가 그 못에 내려와 물을 출렁거리게 하였는데, 물이 출렁거린 다음 맨 먼저 못에 내려가는 이는 무슨 질병에 걸렸더라도 건강하게 되었기 때문이다."라는 말이 첨가되어있다. 아마도 이 '벳자타' 못 주변에는 주님의 천사가 그 못에 내려와 물을 출렁거리게 할 때를 기다리며 수많은 병자들이 모여 있었고, 그들은 모두 필사적으로 서로 먼저 들어가려고 하였을 것이다.

그곳에 서른여덟 해 동안이나 병을 앓으면서도 희망의 끈을 놓지 않던 병자가 있었다. 예수님께서 "건강해지고 싶으냐?" 하고 물으시자, 그 병자는 "선생님, 물이 출렁거릴 때에 저를 못 속에 넣어 줄 사람이 없습니다. 그래서 제가 가는 동안에 다른 이가 저보다 먼저 내려갑니다." 하고 대답하였다. 예수님께서 그에게 "일어나 네 들것을 들고 걸어가거라." 하고 말씀하시자 그 사람이 곧 건강하게 되어 자기 들것을 들고 걸어갔는데, 마침 그날은 안식일이었다.(5,6-9 참조)

안식일의 치유행위가 정당한 것인가에 대한 이의가 제기되면서, 치유행위를 하신 예수님께 그러한 권한이 있는가에 대한 논쟁이 이어진다. 안식일 규정 가운데에는 짐을 나르지 못한다는 금령도 있었다. 유다인들은 병이 나은 그 사람에게 안식일에 들것을 들고 다니는 것도 합당하지 않다고 말하였다. 그들은 예수님께서 안식일에 그러한 일을 하셨다고 하여, 그분을 박해하기 시작하였고 심지어 죽이려고까지 하였다.

천지창조를 전하는 창세 1,1-2,4ㄱ은, 하느님께서 당신 말씀으로 우주와 생명체를 엿새 동안 창조하시고, 당신께서 하신 창조 작업의 완성을 경축하기 위하여 일곱째 날은 쉬셨다고 전한다. 본디 안식일은 음력을 따라 매월 1회 맞이하는 축제였다. 유배 시대 동안 이 안식일에 새로운 의미가 부여되어, 휴식과 이스라엘의 하느님께 올리는 경신례를 위한 주간 마감의 날로 지내게 되었다. 이와 같이 창세기의 천지창조 설화는 창조의 질서 속에 자리하고 있는 안식일을 7일로 구성된 한 주간(週間)의 전례적 테두리 안에 살고 있는 우주와 생명체를 위한 날로 부각시킨다.

유다인들은 "하느님께서는 하시던 일을 이렛날에 다 이루셨다. 그분께서는 하시던 일을 모두 마치시고 이렛날에 쉬셨다."(창세 2,2)라는 말씀을 근거로, 하느님께서도 쉬신 안식일인 '이렛날'에 예수님께서 병자를 고쳐주셨다고 하여 그분을 박해하기 시작하였던 것이다.

당신의 이러한 권한과 관련하여 예수님께서는 유다인들에게 "내 아버지께서 여태 일하고 계시니 나도 일하는 것이다."(5,17) 하고 전제하신 다음, "내가 진실로 진실로 너희에게 말한다. 아버지께서 하시는 것을 보지 않고서 아들이 스스로 할 수 있는 것은 하나도 없다. 그분께서 하시는 것을 아들도 그대로 할 따름이다. 아버지께서는 아들을 사랑하시어 당신께서 하시는 모든 것을 아들에게 보여 주신다. 그리고 앞으로 그보다 더 큰 일들을 아들에게 보여 주시어, 너희를 놀라게 하실 것이다."(5,19-20) 하고 말씀하신다. 이와 같이 예수님께서는 당신이 하시는 일은 하느님 아버지께서 하시는 일에 의존하는 것이기에, 모든 일을 결코 독단적으로 행동하지 않으신다는 점을 강조하면서 "아버지께서 나에게 완수하도록 맡기신 일들이다. 그래서 내가 하고 있는 일들이 나를 위하여 증언한다. 아버지께서 나를 보내셨다는 것이다."(5,36) 하고 말씀하셨다. 여기서 '일들(그리스말 ἔργα, 에르가)'이란 어휘는, 표징과 같은 예수님의 예외적인 행위를 표현할 때 요한이 자주 사용하는 용어로 예수님 행위의 또 다른 특성을 강조한다. 예수님께서 하시는 그 '일들'은 사람들을 위한 '표징'이며, 하느님 아버지께서 하시는 일에 일치하는 '일들'이다. 그러므로 그 일들은 예수님의 말씀대로 당신께서 하느님 아버지에게서 파견되셨다는 사실을 증언하는 것이다.

사실 팔레스티나의 유다교 라삐들은 하느님께서 일곱째 날에 창조활동을 완결하셨지만, 그렇다고 그분의 활동이 정지되거나 종결된 것이 아니라 사람들의 세상을 그 완성으로 이끌어 가시는 지고의 재판관이시기 때문에 지금도 끊임없이 활동하신다고 생각하였다. 예수님께서는 하느님께서 우주만물을 위하여 항구적으로 활동하시듯이, 안식일에 병자를 고쳐주신 치유행위도 그 활동의 일환임을 선언하신다. 그리고 다음 단락에서는, "아버지께서 죽은 이들을 일으켜 다시 살리시는 것처럼, 아들도 자기가 원하는 이들을 다시 살린다."(5,21) 하고 말씀하시며 당신의 신원, 곧 하느님의 아드님이심을 밝힌다. 유다인들은 예수님께서 안식일 규정을 어기신 데다 하느님을 당신 아버지라고 하

"아버지께서
죽은 이들을 일으켜 다시 살리시는 것처럼,
아들도 자기가 원하는 이들을 다시 살린다."(5,21)

시며 자신을 하느님과 대등하게 말하였기 때문에 더욱 그분을 죽이려
고 하였다. 이처럼 예수님의 공생활은, 초기 단계인 이 순간부터 이미
죽음의 그늘이 짙게 드리워져 있었다(7,19.20.25; 8,37.40; 11,53 참조).[1]

---

1. '루카복음에 따르면, 하느님과 예수님의 부자관계는, 천사가 마리아에게 나타나서 처음 알
려준 계시이다(루카 1,35). 열두 살이 되신 소년 예수님께서 부모와 함께 예루살렘 성전 순
례를 가셨을 때에는 당신 자신의 입으로 말씀하셨으며(루카 2,49), 그분이 약 서른 살이 되
어 세례를 받으셨을 때에는 천상의 소리("너는 내 사랑하는 아들이다"), 곧 하느님의 계시
를 통해 드러난다(루카 3,22).

그런데 서른여덟 해나 앓고 있던 사람의 치유 기적을 전하는 이 단락은 "그 뒤에 유다인들의 축제 때가 되어 예수님께서 예루살렘에 올라가셨다."(5,1)라는 말씀으로 시작한다. 여기서 말하는 축제가 중요한 축제인 것은 확실하지만, 어떤 축제인지 규명하는 일은 쉽지 않다. 일부 수사본에는 '축제'라는 말 앞에 정관사가 붙어 있어서, 파스카 축제를 생각하게 한다. 이 주장을 받아들일 경우, 이 축제는 공생활 중에 예수님께서 두 번째로 거행하신 파스카 축제에 해당된다.

하지만 예수님의 활동 장소가 갈릴래아에서 예루살렘으로 바뀌는 "이렇게 예수님께서는 유다를 떠나 갈릴래아로 가시어 두 번째 표징을 일으키셨다."(4,54)와 "그 뒤에 유다인들의 축제 때가 되어 예수님께서 예루살렘에 올라가셨다."(5,1)는 경우, 그리고 예루살렘에서 다시 또 갈릴래아로 바뀌는 "그런데 너희가 그(모세)의 글을 믿지 않는다면 나의 말을 어떻게 믿겠느냐?"(5,47)와 "그 뒤에 예수님께서 갈릴래아 호수 곧 티베리아스 호수 건너편으로 가셨는데…"(6,1)의 연결이 매끄럽지 않고 갑작스럽다. 그래서 많은 학자들은 이 5장의 치유 기적이 본디 6장과 7장 사이에, 또는 "축제가 이미 중반을 지날 때, 예수님께서는 성전에 올라가 가르치셨다."(7,14)와 "그러자 유다인들이 놀라워하며, '저 사람은 배우지도 않았는데 어떻게 성경을 잘 알까?' 하였다."(7,15) 사이에 있었으리라고 추측하기도 한다.[2] 이를 수용할 경우,

---

2. 이 주장에 따라 이 부분의 순서를 정리하면 ① 요한 4,43-54(왕실 관리의 아들을 살리신 표징) ② 6,1-71(빵의 기적과 생명의 빵 담화) ③ 7,14("축제가 이미 중반을 지날 때, 예수님께서는 성전에 올라가 가르치셨다.")에 이어서 ④ 7,15("그러자 유다인들이 놀라워하며, '저 사람은 배우지도 않았는데 어떻게 성경을 잘 알까?' 하였다.") ⑤ 5,1-47(벳자타 못 가에서 병자를 고쳐주신 표징) ⑥ 7,16("예수님께서 그들에게 이르셨다. '나의 가르침은 내 것이

초막절에 가르치시는 단락(7,15-24)의 내용은, 하느님의 아드님으로서 당신의 권한과 신원에 대하여 논쟁을 벌이시는 단락(5,19-47)에 대한 훌륭한 결론이 될 수 있다. 그러면 이 '축제'는, "마침 유다인들의 축제인 파스카가 가까운 때였다."(6,4)에서 언급되는 파스카 축제가 된다.

---

아니라 나를 보내신 분의 것이다.'")으로 이어진다.

넷째 표징:
# 오천 명을 먹이시다

**06**

"사람들은 예수님께서 일으키신 표징을 보고, '이분은 정말 세상에 오시기로 되어 있는 그 예언자시다.' 하고 말하였다."(6,14)

요한복음 6장 전체는 두 가지 표징, 곧 '빵과 물고기를 많게 하신 표징'(네 번째 표징: 6,1-15)과 '물 위를 걸으신 표징'(다섯 번째 표징: 6,16-21), 그리고 두 가지 계시담화, 곧 '생명의 빵'(6,22-59)과 '영원한 생명'에 관한 말씀 및 그에 따른 결단을 촉구하는 담화(6,60-71)로 구성되어 있다. 특히 두 가지 표징은, 구약성경의 파스카 만찬과 홍해(갈대바다)에 관련된 내용을 전하는 파스카 설화와 밀접하게 연결되면서 새로운 '출애굽'을 상징한다. 요한복음은 성체성사 제정을 최후만찬의 맥락에서 전하는 공관복음과 달리, 당시 그리스도교 전례 안에서 중요한 부분이었던 성찬례와 성찬제정에 대하여 전혀 언급하지 않는다. 아마도 요한복음 6장은 이 두 표징과 함께 두 가지 담화 안에서 성찬례에 대한 신학을 전개하는 것으로 보인다.

그런데 예수님께서 빵과 물고기를 많게 하여 오천 명을 먹이신 기적

"여기 보리 빵 다섯 개와
물고기 두 마리를 가진 아이가 있습니다만,
저렇게 많은 사람에게 이것이 무슨 소용이 있겠습니까?"(6,9)

을 전하는 6장의 첫 번째 표징은, 요한복음은 물론 공관복음에서도 중심적인 위치를 차지한다(마태 14,13-21; 마르 6,35-44; 루카 9,10-17).[1] 요한복음에서 빵과 물고기를 많게 하신 이 기적은, 예수님께서 갈릴래아에서 하신 활동의 정점이자 종결인 동시에 예수님에 대한 신앙을 '받아들이느냐 또는 거부하느냐' 하는, 결정적 선택의 계기가 되기도 한다. 또한 공관복음은 모두, 빵의 기적 이후에 베드로가 예수님을 그리스도라고 고백하는 단락(마태 16,13-20; 마르 8,27-30; 루카 9,18-21)과 예수님께서 수난과 부활을 처음으로 예고하시는 단락(마태 16,21,23; 마르 8,31-33; 루카 9,22)을 이어서 전한다. 이 두 사건이 예수님의 공생활에 있어서 중요한 전환점을 제공하기 때문이다.

이 단락은 갈릴래아 호수, 곧 티베리아스 호수[2] 건너편으로 가신 예수님께서 "산에 오르시어 제자들과 함께 그곳에 앉으셨다. 마침 유다인들의 축제인 파스카가 가까운 때였다."(6,3-4)라고 전하면서, 빵과 물고기를 많게 하신 이 기적의 공간적 배경과 시간적 배경을 설정한다. 먼저 시간적 배경을 살펴보자. 이 네 번째 표징을 행하신 시기는 공생활을 시작하신 예수님께서 첫 번째 파스카를 지내시려고 예루살렘에 올라가셨을 때 성전을 정화하신 사건(2,13-22)에 이어, 그분의 공생활

---

1. 빵을 많게 하는 비슷한 이야기들이 복음서에 여섯 번(마태오복음서와 마르코복음서에 각각 두 번, 루카복음서와 요한복음서에 각각 한 번) 나온다. 곧 마태오복음과 마르코복음은 예수님께서 오천 명을 먹이신 기적 이야기 다음에 또 사천 명을 먹이신 기적 이야기도 전한다(마태 15,32-38; 마르 8,1-9). 이러한 사실은 복음서들이 초대교회에서 강조한 관심을 드러내는데, 이 관심은 특히 성찬례 모임에서 표출되었을 것이다.
2. 티베리아스는 헤로데가 기원후 17-22년에 갈릴래아 호수 남서쪽 물가에 지어서 로마 황제 티베리우스에게 봉헌한 고을이다. 그래서 신약성경에서는 갈릴래아 호수가 자주 '티베리아스 호수'로 불린다.

중 두 번째 파스카가 가까운 시기에 해당한다. 이것은 이제 (그리스도인에게 있어서) 진정한 파스카는 이집트 탈출을 기념하는 유다인들의 축제, 즉 구약의 파스카가 아니라, 하느님의 어린양이신 성자께서 십자가의 죽음을 통하여 영광스러운 구원자가 되신 것을 기억하면서 기념하는 신약의 파스카라는 점을 강조하려는 요한복음의 신학적 의도를 반영한 것으로 보인다.

많은 군중이 당신께 오는 것을 보시고 예수님께서 필립보에게, "저 사람들이 먹을 빵을 우리가 어디에서 살 수 있겠느냐?"(6,5) 하고 물으시자, 필립보는 "저마다 조금씩이라도 받아먹게 하자면 이백 데나리온어치 빵으로도 충분하지 않겠습니다." 하고 대답한다. 이 대화는 광야에서 먹을 것 때문에 불평하는 이스라엘에게 메추라기를 보내준 일화(민수 11,10-23)를 연상시킨다. "저 사람들이 먹을 빵을 우리가 어디에서 살 수 있겠느냐?"(6,5)라고 묻는 예수님의 말씀과 고기를 달라고 불평하는 백성을 대신하여 모세가 하느님께 "백성은 울면서 '먹을 고기를 우리에게 주시오.' 하지만, 이 온 백성에게 줄 고기를 제가 어디서 구할 수 있겠습니까?" 하고 말씀드리는 내용이 매우 유사하다. 여기서 예수님과 모세의 '어디에서'라는 물음의 답은, 요한복음의 경우에는 예수님의 신적인 능력에 의해 빵의 기적으로 해결되고, 민수기에서는 하느님이 권능으로 메추라기 떼를 보내주심으로써 해결되었다. 또한 안드레아가 예수님께 "여기 보리빵 다섯 개와 물고기 두 마리를 가진 아이가 있습니다만, 저렇게 많은 사람에게 이것이 무슨 소용이 있겠습니까?"(9절) 하고 말씀 드린 내용과, 민수기에서 모세가 주 하느님께 "양 떼와 소 떼를 다 잡는다 한들 그들에게 넉넉하겠습니까? 바다의 고기를 모조리 모아들인다 한들 그들에게 넉넉하겠습니까?"(민수 11,22) 하고 말씀 드리는 내용도 매우 비슷하다.

이와 같이 요한복음은 민수기의 내용을 배경으로 오천 명을 먹이신 빵의 기적을 전한다. 곧 하느님만이 하실 수 있는 신적 능력으로 예수님께서 이 표징을 일으키셨다는 점을 강조하면서 그분의 신원을 밝히려고 하는데, 무엇보다 이 표징을 통하여 상징적으로 성찬례 신학을 암시하고 있다. 이 빵의 기적에서 "예수님께서는 빵을 손에 들고 감사를 드리신 다음,[3] 자리를 잡은 이들에게 나누어 주셨다."(6,11)라는 내용은, 명백하게 초대교회 성찬례(Eucharistia)를 규정하는 특징적 표현이다. 빵을 많게 한 이 기적은, 무엇보다 예수님께서 '생명의 빵'과 '영원한 생명'에 대하여 말씀하시는 두 가지 계시담화(6,22-59)를 도입하는 상징적 행동으로 이해된다. 구세주이신 예수님은, 십자가의 희생제사를 통하여 당신 몸과 피를 우리에게 일용한 양식으로 내어주시는 분, 하늘에서 내려온 참된 양식이시다. 그분께서는 당신을 믿는 이들을 배불리 먹이시는 분(6,33)이시다. 그러므로 이 네 번째 표징에는 그분의 살과 피를 먹고 마시는 사람은 영원한 생명을 얻을 것이라는 성찬례(성체성사)의 신학도 포함되어 있다.

요한복음은, 예수님께서 빵을 많게 하신 표징을 보고 "사람들은 예

---

3. 여기서 요한복음은 '감사를 드리다(eucharistein)' 동사를 사용하는데, 이 동사는 공관복음이 마지막 만찬 때 사용한 단어와 같은 것으로, '성체성사(eucharistia)'도 이 단어에서 유래한다. 또한 예수님께서 빵과 물고기를 직접 나누어주셨다(11절)는 사실과, "그들이 배불리 먹은 다음에 예수님께서는 제자들에게, '버려지는 것이 없도록 남은 조각을 모아라.' 하고 말씀하셨다."(12절)라는 말씀에서 초대교회에서 제병을 지칭하던 '조각'이라는 단어가 사용되었다는 점도 요한복음 6장의 본문이 성찬례와 연결되어 있음을 보여주는 사례이다.

수님께서 일으키신 표징을 보고, '이분은 정말 세상에 오시기로 되어 있는 그 예언자시다.' 하고 말하였다."는 백성의 반응과, 이에 대하여 "예수님께서는 그들이 와서 당신을 억지로 모셔다가 임금으로 삼으려 한다는 것을 아시고, 혼자서 다시 산으로 물러가셨다."는 예수님의 행동을 곧바로 전하면서, 백성들에게 이 기적이 예수님의 신분과 사명에 관하여 오해를 불러일으키게 된 계기도 되었음을 알려준다.

그런데 예수님께서 빵을 많게 하신 이야기는, 엘리사의 기적(2열왕 4,42-44)과 하느님께서 광야에서 당신의 백성을 먹이신 놀라운 사건(탈출 16; 신명 8,3.16; 시편 78,24-25.29; 105,40; 지혜 16,20-26)과도 뚜렷한 유사성을 보인다. 당시 유다교에서는 이 두 사건을, 하느님과 메시아가 종말에 이루실 위업을 예고하는 것으로 해석하였다.[4] 이러한 맥락에서 공관복음과 요한복음은, 구약의 이 예고가 바로 예수님에게서 성취되었음을 강조한다.

이와 관련된 구약성경의 내용을 살펴보면, 모세는 하느님께서 약속하신 예언자(신명 18,18 참조)이고 엘리야는 종말에 앞서 보내실 예언자이다(말라 3,23 참조). 거룩한 모습으로 변모하신 예수님(메시아) 곁에 모세와 함께 엘리야도 나타났다는(마태 17,1-8) 신약성경의 증언 역시 이 두 예언자의 중요성을 강조한다.

"나는 그들을 위하여 그들의 동족 가운데에서 너와 같은 예언자 하나를 일으켜, 나의 말을 그의 입에 담아 줄 것이다. 그러면 그는 내가

---

4. 종말의 메시아 잔치의 표상에 관해서는 이사 25,6-8; 55,1-2; 65,13-14; 마태 8,11; 22,1-4; 외경인 에녹서 62,14; 참조.

그에게 명령하는 모든 것을 그들에게 일러 줄 것이다."(신명 18,18)라는 신명기의 말씀에 따르면, 첫 번째 '예언자'로 간주되는 모세의 뒤를 이어, 하느님께서는 다른 예언자들, 곧 당신 말씀의 전달자들을 보내실 것이다. 그런데 후대의 유다교에서는 이 구절을 더욱 구체적인 의미로 이해하여, 아주 뛰어난 한 예언자를 예고하는 것으로 알아듣고, 때로는 이 예언자를 메시아와 동일시하기도 하였다. 이러한 전승은 예수님에 관하여 백성이 제기하는 물음에서도 드러난다(요한 1,21; 6,14; 7,40). 그러나 요한복음에 따르면, 예수님께서는 결코 당신을 이 예언자와 명확하게 결부시키지 않으셨다. 하지만 초대교회의 가르침은 분명하게 예수님을 신명기가 예고하는 바로 '그 예언자'로 알아본다(사도 3,22; 7,37).

또한 "보라, 주님의 크고 두려운 날이 오기 전에 내가 너희에게 엘리야 예언자를 보내리라."(말라 3,23)라는 말씀에 따라, 신약성경으로 넘어가는 시대의 유다교 문학에서는, 엘리야가 구약의 예언자들이 선포하고 준비해 온 메시아의 선구자로서 중요한 위치를 차지하게 된다고 믿었다. 사실 예수님께서도 엘리야의 이 역할이 세례자 요한에게서 성취되었다고 말씀하셨다(마태 11,9-13; 루카 1,17 참조).

이와 같이 예수님 당시의 사람들은, 이스라엘 민족의 해방을 보장하기 위하여 하느님께서 세상에 보내시기로 되어 있는 종말의 예언자 또는 정치적 메시아로 예수님을 생각하게 되었다. 이 사실은 베드로가 예수님을 '그리스도'라고 고백하는 단락(루카 9,18-21)에서도 확인된다. 베드로가 모든 제자의 이름으로 예수님을 그리스도 곧 메시아라고 고백하였지만, 이 고백에는 순전히 현세적 메시아를 고대하던 당시 유다인들의 사고가 반영되어 있다. 이 점을 간파하신 예수님께서는, 당신은 그러한 메시아가 아님을 명백히 하시기 위하여, 베드로의 고백에 바로 이어 다가오는 당신의 죽음을 예고하셨다(9,22).

그러나 요한복음의 빵을 많게 한 표징에서 백성들이 보인 반응은 '그 예언자'에 머무는 것이 아니라 이를 훨씬 넘어 예수님을 임금으로 모시려고까지 하였다. 예수님께서는 로마 총독 빌라도에게 심문을 받으시는 법정에서 "내 나라는 이 세상에 속하지 않는다. 내 나라가 이 세상에 속한다면, 내 신하들이 싸워 내가 유다인들에게 넘어가지 않게 하였을 것이다. 그러나 내 나라는 여기에 속하지 않는다."(요한 18,36) 하고 말씀하시면서, 군중이 생각하는 것과 같은 왕권을 거부하신다. 여기에서부터 이미 종말과 현세적 메시아 사상에 대한 군중과 예수님의 생각이 완전히 다르다는 사실이 명백히 드러난다. 요한복음은 "빌라도는 명패를 써서 십자가 위에 달게 하였는데, 거기에는 '유다인들의 임금 나자렛 사람 예수'라고 쓰여 있었다."(요한 19,19)라고 전하면서, 역설적으로 십자가 위에 못 박히고서야 예수님께서 비로소 임금이 되셨음을 선포한다.

그런데 예수님께서는 왜 혼자서 다시 산으로 물러가셨을까? 예수님께서 표징(기적)을 일으키신 목적은, 그 표징을 통하여 당신께서 누구이신지를 드러내고 이 표징을 본 사람들로 하여금, 당신께 대한 믿음을 고백하도록 이끌기 위함이다. 물론 여기서 군중은 빵과 물고기를 많게 하신 예수님의 권능을 사실로 인정하여 열광하면서 그분을 억지로라도 임금으로 모시려고까지 하였지만, 그 표징에 담긴 참의미는 깨닫지 못하였다. 그들이 예수님에 대하여 관심을 가지게 된 것은, 단지 예수님의 권능에서 자기들이 얻을 수 있는 이익을 챙기려고 하였기 때문이다. 그래서 결국 그들은 "내가 진실로 진실로 너희에게 말한다. 너희가 나를 찾는 것은 표징을 보았기 때문이 아니라 빵을 배불리 먹었기 때문이다."(6,26)라는 예수님의 무서운 질책을 듣게 되었다. 이 말씀대로, 빵을 많게 한 표징을 체험한 사람들은 예수님이 누구이신가를 깨달아 믿기보다는 빵 자체에만 관심이 있었다. 그래서 예수님께서는 이어지는 단락에서 빵과 물고기를 많게 한 표징에 담긴 진정한 의미, 곧 '생명의 빵'과 '영원한 생명'에 관한 두 가지 계시담화(6,22-59)를 통하여 당신이 누구이신가에 대한 가르침을 주시는데, 이에 대한 설명은 '요한복음 신학&영성 2' 『다 이루어졌다』에서 다룬다.

다섯째 표징:
## 물 위를 걸으시다

07

> "그들이 예수님을 배 안으로 모셔 들이려고 하는데,
> 배는 어느새 그들이 가려던 곳에 가 닿았다."(6,21)

빵과 물고기의 표징을 일으키신 예수님께서는 군중을 피해 산으로 올라가셨다. 저녁때가 되자 제자들은 호수로 내려가서 배를 타고 호수 건너편 카파르나움으로 떠났다. 그들이 배를 열심히 저어 갈릴래아 호수 거의 한가운데에 다다랐을 때, 날이 점점 저물어 주변이 어두워지고 큰 바람마저 불어 호수에 물결이 높게 일었다. 그 순간 예수님께서 호수 위를 걸어 배에 가까이 가셨는데, 제자들은 몹시 당황하며 두려워했다. 예수님께서 "나다. 두려워하지 마라." 하고 말씀하셨다. 다섯 번째 표징은 "그래서 그들이 예수님을 배 안으로 모셔 들이려고 하는데, 배는 어느새 그들이 가려던 곳에 가 닿았다."(6,21) 하고 전하면서 마무리된다.

앞에서 설명한 빵과 물고기를 많게 한 표징과 연결시켜 생각할 때 물 위를 걸으신 이 표징은, 광야에서 당신 백성을 배불리 먹이시고 바

저의 주님, 저의 하느님! _ 079

"나다,
두려워하지 마라."(6,20)

다를 지배하시는 하느님의 권능이 예수님에게서 드러나고 있음을 암시한다. 즉 구약성경에서는 광란하는 호수(또는 바다)를 잔잔하게 하거나 그 위를 걷는 것, 곧 '바다의 등'을 밟고(욥 9,8) 그것을 지배하는 것(시편 65,8; 77,17; 89,10; 107,29)이 창조주 하느님의 고유한 능력임을 말한다. 여기서는 예수님께서 그렇게 하셨음을 전하면서 그분의 신성과 초월성을 드러낸다.

다른 표징들에서처럼 이번에도 예수님께서는, 물 위를 걸으시는 기적을 통하여 당신이 누구이신지, 당신 신원에 대한 계시를 하신다. 곧 제자들에게 "나다. 두려워하지 마라." 하고 말씀하시면서, 당신이 바로 '당신'이심을 밝히신다. 앞에서 살펴보았듯이 "나다.", 또는 '나는 ~ 이다.'는 본디 하느님께서 당신 자신을 드러내시는 말씀(탈출 3,14; 신명 32,39; 이사 41,4; 43,10.13 참조)이다. 이 "나다"라는 말은, 탈출기에서 하느님 이름의 한 부분을 이루는데(탈출 3,13-15), 요한복음은 이 "나다." 라는 표현을 더욱 발전시킨다. 사실 예수님께서도 당신과 관련하여 이 표현을 여러 번 사용하시는데, 이것은 당신의 신성을 드러내는 표현인 셈이다(4,26; 8,24; 8,28.58; 13,19; 18,5.6.8 참조). 그리고 "두려워하지 마라."는 말씀은, 하느님께서 환시 중에 당신에 관하여 초자연적 계시를 하실 때 흔히 하시는 격려이기도 하다(창세 15,1; 26,24; 여호 1,9; 이사 41,13-14).

특히 요한복음의 이 부분과 병행하는 '풍랑을 가라앉히신 단락(마르 4,35-41)에서 마르코 복음사가는 "예수님께서 깨어나시어 바람을 꾸짖으시고 호수더러, '잠잠해져라. 조용히 하여라!' 하시니 바람이 멎고 아주 고요해졌다."(4,39) 하고 전하면서, 호수를 잠잠하게 하신 예수님의 이 놀라운 능력을 구약성경의 천지창조(창세 1,1-2,4ㄱ)와 갈대바다 (탈출 14,15-31) 전승에서 혼돈의 물과 바다를 제압하시는 창조주 하느님의 권능과 결부시켜 설명한다. 곧 예수님께서 혼돈과 죽음의 상징이기도 한 호수(바다) 위를 걸으심으로써 창조주로서의 권능과 당신의 신성을 드러내셨음을 강조한다.

또한 "그들이 예수님을 배 안으로 모셔 들이려고 하는데, 배는 어느새 그들이 가려던 곳에 가 닿았다."(6,21)라는 마지막 말씀도, 또 다른 기적을 전하려고 하는 것으로 보인다. 구약성경 공동 감사 시편에 속하는 시편 107,23-32은, 배를 타고 항해하면서 장사하던 사람들이 바다에서 광풍을 만나게 되어 주님께 부르짖자, 주님께서 광풍을 가라앉히시어 파도가 잔잔해져서 원하던 항구로 무사히 돌아오게 된 체험을 전한다. 이 시편에서 그들은 자기들이 체험한 것을 기적이라고 고백하면서, "주님께 감사하여라, 그 자애를. 사람들을 위한 그 기적들을. 백성의 모임에서 그분을 높이 기리고, 원로들의 집회에서 그분을 찬양하여라."(107,31-32 참조) 하고 노래한다. 이 경우처럼 요한복음도, 제자들이 호수 한가운데서 물 위를 걸어오시는 주님을 공포와 두려움으로 혼비백산하며 뵈었지만, 주님의 놀라우신 신적 능력으로 배가 '어느새' 가려던 곳에 가 닿았다고 전한다.

이와 같이 요한복음은 예수님께서 빵을 많게 하고 물 위를 걸으신 이 두 기적을 계시의 뜻이 담긴 표징으로 밀접하게 연결시켜 소개한다. 하지만 이 표징에 담긴 심오한 뜻, 곧 광야에서 당신 백성을 배불리 먹이시고 바다를 지배하시는 하느님의 권능이 예수님에게서 드러나고 있다는 사실을 아직 제자들은 이해하지 못하였다.

여섯째 표징:

# 태어나면서부터 눈먼 사람을 고쳐주시다 | 08

"'너는 사람의 아들을 믿느냐?' 하고 물으셨다."(9,34)

요한복음 7장 1절부터 10장 21절까지는 예수님께서 초막절 축제 기간에 말씀하신 내용과 사건을 중심으로 구성되어 있는데, 이 여섯 번째 표징이 이 부분에 해당한다. 이 부분(7,1-10,21)을 초막절 축제 기간과 관련된 것으로 보는 이유는 "그 뒤에 예수님께서는 갈릴래아를 돌아다니셨다. 유다인들이 당신을 죽이려고 하였으므로, 유다에서는 돌아다니기를 원하지 않으셨던 것이다. 마침 유다인들의 초막절이 가까웠다."(7,1-2)라는 배경 설명으로 시작하여, 10장 21절에 이어지는 그 다음 단락이 "그때에 예루살렘에서는 성전 봉헌 축제가 벌어지고 있었다. 때는 겨울이었다."(10,22)라는 또 다른 축제 배경을 설명하면서 시작하기 때문이다. 구약성경에서 초막절은 그냥 '축제'(1열왕 8,2.65) 또는 '주님의 축제'(레위 23,39. 그리고 민수 29,12 참조), '해마다 실로에서 열리는 주님의 축제'(판관 21,19. 그리고 1사무 1,3 참조)로 불릴 정도로 매년 성전으로 순례를 가는 축제 가운데에서 가장 중요하고, 또 가장 많

"그런데 예수님께서
진흙을 개어 그 사람의 눈을 뜨게 해주신 날은
안식일이었다."(9,14)

은 이들이 성전을 참배하는 축제였다(탈출 23,14.17; 34,23 참조).

레위23장에 따르면 옛날에는 '추수절'이었던 축일이 '초막절'로 바뀌게 되었다(탈출 23,16; 34,22 참조). 이것은 추수철에 과수원을 지키기 위하여 초막을 짓는 것과 같은 농촌의 관습에서 유래했으리라 여겨진다. 이 '초막절'은 포도를 거두어들이는 9월(레위 23,33-44)에 여드레 동안 지냈다(민수 29,12-39; 2마카 10,6). 그 기간에는 특히 한 해의 수확에 대하여 감사를 드리면서, 이집트 탈출 때에 하느님께서 이루어 주신 구원 업적을 기린다. 특히 탈출 때의 광야 생활을 기념하여 초막을 짓고 거기에서 한 주간을 지내기도 하였다.

본디 감사 축제로서 농사력(農事曆)으로 한 해의 끝부분인 가을에 거행되던 초막절은 시간이 흐르면서 연중 축제 가운데 가장 대중적인 축제로 자리 잡게 되었다(느헤 8,13-18). 여기에 예언적 차원의 새로운 의미가 더해져서 제2즈카르야서 저자 시대에는 이 축제에서, 메시아 시대에 펼쳐질 하느님의 복을 예고하면서 창조주이신 하느님의 절대 권력, 곧 온 세상에 대한 그분의 통치권이 선포되기에 이른다.[1]

신약성경 시대에는 초막절이 앞으로의 농사를 위하여 비를 청하는 축제이기도 하였다. 축제 때에는 비를 간청하는 기도를 드리며 실로암 연못에서 물을 길어 성전으로 가져왔다. 아울러 이 축제 기간에는 성전 '여인의 뜰'에 횃불을 계속 밝혀 두었다. 이러한 배경에서 요한복음(7,1-10,21)은, 이처럼 물과 빛이 가득한 초막절 축제 동안 예수님께서

---

1. "그러면 예루살렘을 치러 온 모든 민족들 가운데에서 살아남은 자들이 모두, 임금이신 만군의 주님을 경배하러 해마다 올라와서 초막절을 지낼 것이다."(즈카 14,16)

"내가 이 세상에 있는 동안
나는 세상의 빛이다."(9,5)


당신 자신을 생수의 원천(요한 7,37-39)과[2] 세상의 빛(요한 8,12-20)으로
계시하셨고 또한 태어나면서부터 눈먼 사람을 고쳐주신 표징(9,1-12)
을 전하는 것으로 보인다.

　요한복음을 자세히 살펴보면, 유다인들의 축제 기간은 예수님에 대
한 불신이 가장 폭력적으로 드러나는 때이기도 한데, 이 여섯 번째 표

---

2. 특히 초막절 축제의 '마지막 날'(축제의 일곱째 날, 또는 여드레 동안 지속되는 이 초막절
　의 여덟째 날)에는 물의 의식이 거행되었는데, 이를 계기로 예수님께서는 물에 관한 말씀
　을 하셨다. 『축제의 가장 중요한 날인 마지막 날에 예수님께서는 일어서시어 큰 소리로 말
　씀하셨다. "목마른 사람은 다 나에게 와서 마셔라. 나를 믿는 사람은 성경 말씀대로 '그 속
　에서부터 생수의 강들이 흘러나올 것이다.'"』(요한 7,37-38)

징도 초막절 축제가 배경으로 보인다. 앞에서 언급한 대로, 초막절 축제는 파스카 축제와 오순절 축제와 함께 이스라엘 삼대 축제 가운데 하나이면서, 유다인들이 가장 성대하게 지내는 축제이기도 하다. 대부분의 표징에서 그렇듯이, 이 여섯 번째 표징에서도 요한은, 어떠한 일이 일어났는지를 먼저 이야기한 다음(9,1-12), 그 사건에 담긴 의미를 밝힌다(9,13-41). 복음사가가 밝히듯이, 표징들을 소개하는 목적은 "예수님께서 메시아시며 하느님의 아드님이심을 여러분이 믿고, 또 그렇게 믿어서 그분의 이름으로 생명을 얻게 하려는 것"(20,31), 곧 믿는 이들이 더 잘 깨달아 영원한 생명에 이를 수 있도록, 그 의미의 넓이와 깊이를 파악하도록 돕기 위해서이다.

제자들이 예수님과 함께 길을 가다가 태어나면서부터 눈먼 사람을 보고 예수님께 "스승님, 누가 죄를 지었기에 저이가 눈먼 사람으로 태어났습니까? 저 사람입니까, 그의 부모입니까?" 하고 물었다. 예수님께서는 "저 사람이 죄를 지은 것도 아니고 그 부모가 죄를 지은 것도 아니다. 하느님의 일이 저 사람에게서 드러나려고 그리된 것이다." 하고 말씀하시고 나서, 땅에 침을 뱉고 그것으로 진흙을 개어 그 사람의 눈에 바르신 다음, "실로암 못으로 가서 씻어라." 하고 그에게 이르셨다. 전에 거지였던 그가 '실로암' 못에 가서 씻고 앞을 보게 되어 돌아오자, 구걸하는 그를 보아온 사람들이 그에게 "어떻게 눈을 뜨게 되었소?" 하고 물었다. "예수님이라는 분이 진흙을 개어 내 눈에 바르신 다음, '실로암 못으로 가서 씻어라.' 하고 나에게 이르셨습니다. 그래서 내가 가서 씻었더니 보게 되었습니다." 하고 대답하였다.

유다에는 옛날부터 '죄'와 육체적 질병 사이에 밀접한 관련이 있다는 생각이 널리 퍼져 있었다(탈출 9,1-12; 시편 38,2-6; 에제 18,20 참조). 태어나면서부터 병이 들었을 경우, 유다교의 어떤 라삐들은 부모의 죄 때문이라고 주장하고, 어떤 라삐들은 아기가 잉태 기간 중에 잘못하였기 때문이라고 주장하였다. 이러한 배경에서 제자들이 저 사람의 경우는 누구의 탓인지를 물은 것이다. 예수님께서는 "저 사람이 죄를 지은 것도 아니고 그 부모가 죄를 지은 것도 아니다. 하느님의 일이 저 사람에게서 드러나려고 그리된 것이다." 하고 대답하시면서, 일단 당시의 일반적인 생각들을 배척하셨다. 그런 다음, 어떤 새로운 설명을 제시하시기보다는 그 질병을 그냥 현실로 받아들이시고 그를 육체적으로 완전히 건강하게 만들어 주려고 하셨다. 그래서 예수님께서는 땅에 침을 뱉고 그것으로 진흙을 개어 그 사람의 눈에 바르신 다음, "실로암 못으로 가서 씻어라." 하고 말씀하셨던 것이다. 예수님께서는 '침'에 치료 효과가 있다고 생각하던 당시 사람들의 친숙한 행동을 이용하시면서, 거기에 새로운 효능, 곧 당신의 신적인 능력을 부여하셨다(마르 7,33; 8,23 참조).

태어나면서부터 눈먼 사람이 예수님 말씀대로 '실로암' 못에 가서 그분께서 자기 눈에 발라주신 진흙을 씻어내자 앞을 보게 되었다. 여기서 요한은 "'실로암'은 '파견된 이'라고 번역되는 말이다."(9,7) 하고 설명하면서, '실로암'[3] 못이라는 이름의 어원을 가지고 더 큰 의미를 제시한다. 곧 '파견된 이'라고 불리는 못의 물이 시력을 되찾게 해 주

---

3. '보내다'를 뜻하는 히브리말에서 나온 '실로아흐'의 그리스말식 발음이다. '실로암 (Σιλωάμ)' 못은 예루살렘 성 안에 있었다(2열왕 20,20; 느헤 3,15; 이사 8,6 참조).

는 것처럼, 메시아로 '파견된 분'께서 이 세상에 하느님 계시의 빛을 가져다주신다는 것이다.

이와 같이 예수님께서는 이 기적을 당신께서 하늘에서 오셨음을 사람들에게 드러내는 표징으로 완수하시면서, 그들에게 '세상의 참빛'이신 당신을 받아들이라고 촉구하신다. 앞을 못 보는 상태에서 보는 상태로 건너감은 불신에서 신앙으로, 암흑에서 광명으로, 죽음에서 믿음과 생명으로 건너감을 상징한다. 이러한 의미에서 이 눈먼 이는 신앙에 이르게 되는 이들의 본보기가 될 수 있을 것이다. 더 나아가, 이 구절은 초대교회의 세례의식을 암시하는 것으로 이해되는데, 이 세례성사를 통하여 요한(또는 그리스도교) 공동체는 그리스도의 이 영적인 치유행위를 지속하는 것이다.[4]

육체적으로 눈먼 사람이 치유되는 표징의 진행 과정은 아주 단순하지만, 영적으로 그가 성숙해가는 단계는 점진적으로 나타나며 거기에 담긴 뜻도 의미심장하다. 그 사람이 시력을 다시 찾아 사물을 있는 그대로 보게 되었음은 물론, 영적인 눈도 활짝 열리게 되었다는 사실이다. 바리사이들이 그에게 "당신 눈을 뜨게 해 준 그를 당신은 어떻게 생각하느냐?"고 묻자 그는 예수님께서 자기에게 일으키신 이 표징을 제대로 해석하여, "그분은 예언자이십니다."(9,17) 하고 대답하였다. 곧 예수님께서 인간의 능력을 뛰어넘는 힘을 지니신 예언자, '하느님의 사람'임을 받아들인 것이다(루카 24,19).

바리사이들은 예수님께서 어디에서 왔는지는 알지 못한다며 여러

---

4. 세례성사의 '에파타' 예식 참조.

가지 방법으로 그를 다그쳤다. 그는 오히려 바리사이들에게 "태어날 때부터 눈이 먼 사람의 눈을 누가 뜨게 해 주었다는 말을 일찍이 들어 본 적이 없습니다. 그분이 하느님에게서 오지 않으셨으면 아무것도 하실 수 없었을 것입니다."(9,32-33) 하고 말하였다. 바로 이 순간 그의 신앙의 여정에서 새로운 단계가 나타난다. 태어나면서부터 멀었던 눈이 열려 예수님을 예언자로 알아본 그는 이제 옛 것을 뛰어넘는다. 그는 이스라엘 역사 안에서 모세나 예언자 등 그 어느 누구도 예수님과 같은 초인간적인 능력을 발휘하지 못했다는 사실을 일깨운다. 즉 예수님이야말로 '하느님의 사람'의 역할을 수행하고 있다는 사실을 선포하는 것이다.

바리사이들은 그를 회당 밖으로 내쫓아 버렸다. 그 말을 들으신 예수님께서 그를 다시 만나 대화를 나누시면서 이 표징은 절정에 이르게 된다. "'너는 사람의 아들을 믿느냐?' 하고 물으셨다. 그 사람이 '선생님, 그분이 누구이십니까? 제가 그분을 믿을 수 있도록 말씀해 주십시오.' 하고 대답하자, 예수님께서 그에게 이르셨다. '너는 이미 그를 보았다. 너와 말하는 사람이 바로 그다.' 그는 '주님, 저는 믿습니다.' 하며 예수님께 경배하였다."(9,35-38)

여기서 "바리사이들이 그를 밖으로 내쫓아 버렸다."(9,34)라는 말은, 결국 그가 속한 공동체에서 내쫓겼음을 뜻한다.[5] 그는 "세상의 빛"(9,5)이신 예수님의 신원을 알아보고, 그분께 대한 신앙을 끝까지 증언하

---

5. 예수님 시대에 유다교에서는 특정 범죄자들을 회당, 곧 자기들의 교회 공동체에서 추방하는 조처를 취하였고, 1세기 말경에는 그리스도를 믿는 유다인들을 본격적으로 파문했다.

"그분이 제 눈을 뜨게 해 주셨는데
여러분은 그분이 어디에서 오셨는지 모르신다니,
그것 정말 놀라운 일입니다."(9,30)

여 박해까지 받게 되었다. 하지만 예수님께서는 그에게 다가가시어 당
신께서 "사람의 아들"이심을, 곧 사람들을 불러 모아 하느님의 생명을
나누어 받을 수 있도록 그들을 들어 높이시려고 하늘에서 오신 분이심
을 드러내신다(1,51; 3,14-15; 6,62-63 참조).

이와 같이 공생활 중에 예수님께서 일으키신 표징과 수행하신 사명
은 이 세상의 상황을 뒤바꾸어 놓는다. 눈먼 이들은 예수님을 믿어 눈
을 뜨고 또 하느님의 계시를 깨닫게 되는 반면, 잘 본다고 곧 현명하다
고 자부하는 자들은(16. 22. 24. 29. 34절 참조) 구원의 빛을 가져다주시는
분을(8,12; 9,5 참조) 알아보지도 못한다(14,9 참조). 그리하여 이들은 암

"나는 이 세상을 심판하러 왔다.
보지 못하는 이들은 보고,
보는 이들은 눈먼 자가 되게 하려는 것이다."(9,39)

흑과 멸망 속에 영원히 갇히게 된다(3,17-21; 마르 4,11-12 참조). 차라리 이 바리사이들도 기적적으로 나음을 받은 이와 같이 눈먼 사람이었다면, 오히려 죄가 없었을 것이다. 그러나 자기들이 이미 가지고 있는 것으로 충분하다고 여기는 자들은, 자기들을 죄에서 해방시키실 수 있는 유일한 분이신 예수님을 믿지 못하는 것이다.

# 일곱째 표징: 라자로를 다시 살리시다 | 09

> 나는 부활이요 생명이다. 나를 믿는 사람은 죽더라도 살고,
> 또 살아서 나를 믿는 모든 사람은 영원히 죽지 않을 것이다.
> 너는 이것을 믿느냐?(11,26)

태어나면서부터 눈먼 사람을 고쳐주심으로써 '세상의 빛'(9,5)이심을 스스로 밝히신 예수님께서, 이제 라자로를 다시 살리신 일곱째 표징을 통하여 당신이 이 세상의 '부활이요 생명'(11,25)이심을 계시하신다. 이 기적은 지금까지 살펴본 모든 표징의 절정을 이루는 마지막 표징이다. 그런데 라자로를 죽음에서 다시 살리신 이 기적이 최고의회가 예수님을 죽이기로 결의하는 계기가 되었다(11,45-54). 죽은 이를 살리신 그분께서 역설적으로 죽음의 올가미에 걸려들게 된 것이다. 그래서인지 '표징의 책'(1,19-12,50) 마지막 부분을 시작하는 단락, 곧 베타니아에서 마리아가 예수님의 발에 향유를 부어드린 구절(12,1-8)은, 예수님의 수난과 죽음을 예고하면서 이미 '영광의 책'(13,1-20,31)으로 옮겨갈 준비를 한다.

"라자로야,
이리 나와라."(11,43)

'주님께서 사랑하시는 이', 곧 예수님께 향유를 발라 드린 마리아의 오빠 라자로가 베타니아에서 앓고 있다는 전갈을 받은 예수님께서는 "그 병은 죽을병이 아니라 오히려 하느님의 영광을 위한 것이다. 그 병으로 말미암아 하느님의 아들이 영광스럽게 될 것이다." 하고 말씀하셨다. 올리브 산 동쪽에 자리 잡은 마을 베타니아는, 예루살렘에서 3킬로미터 정도 떨어진 곳으로 마음만 먹으면 쉽게 갈 만큼 가까운 거리였지만, 예수님께서는 계시던 곳에 이틀을 더 머무르셨다.

라자로가 위급한 병을 앓고 있는 것이 분명하였지만, 예수님께서는 가장 명백한 표징을 일으키시어 이를 당신과 하느님의 영광을 드러내는 계기로 삼으신다. 라자로의 부활은 예수님께서 하느님의 아드님이시라는 사실을 나타내는 것이고, 더 나아가서 예수님을 죽음으로 이끄는 과정의 출발점으로서 보다 깊은 뜻을 지닌다(11,45-54). 예수님의 죽음이야말로 십자가 위에서, 십자가를 통하여, 곧 십자가라는 굴욕과 겸손의 한가운데에서, 완전한 순종과 사랑으로 영광스럽게 되시는 것이며, 이로써 그리스도께서 성부를 영광스럽게 하시는 것이다.

이렇게 예수님에게서 십자가를 통하여 마침내 부활로 이어지는 종말의 영광이 드러나면(12,16.23.28; 13,31-32; 17,1-5 참조), 예수님을 믿는 모든 이에게도 부활에 동참할 수 있는 가능성이 주어진다. 이 사실은 "아버지께서는 아들이 아버지께서 주신 모든 이에게 영원한 생명을 주도록 아들에게 모든 사람에 대한 권한을 주셨습니다."(17,2) 하고 당신 자신을 위하여 대사제적 기도를 올리신 내용에서도 확인된다. 이와 같이 예수님의 영광에는 당신께서 누리시는 새로운 상황, 곧 영원한 생명에 모든 사람을 동참시키시는 권한도 포함되는데, 이러한 영생은 인간의 노력으로 얻을 수 있는 것이 아니라, 하느님께서 무상으로 주시는 선물로만 받을 수 있는 것이다(3,35; 5,19-30; 6,42-44; 13,3).

이번 표징은 마르타가 예수님을 맞아들이는 부분(11,17-27)에서 예수님께서 당신 자신을 '부활이요 생명'으로 계시하시면서 절정에 다다른다. 라자로가 무덤에 묻힌 지 나흘이나 지났을 때 예수님께서 베타니아에 오신다는 말을 듣고 마르타가 그분을 맞으러 나가서 예수님께 "주님, 주님께서 여기에 계셨더라면 제 오빠가 죽지 않았을 것입니다. 그러나 하느님께서는 주님께서 청하시는 것은 무엇이나 들어주신다는 것을 저는 지금도 알고 있습니다." 하고 말씀드렸다. 예수님께서 마르타에게, "네 오빠는 다시 살아날 것이다." 하시니, 마르타가 "마지막

"우리의 친구 라자로가 잠들었다.
내가 가서 그를 깨우겠다."(11,11)

날 부활 때에 오빠도 다시 살아나리라는 것을 알고 있습니다." 하고 대답하였다(11,17-24 참조).

그런데 라자로가 죽은 것을 직감하셨던 예수님께서는 "우리의 친구 라자로가 잠들었다. 내가 가서 그를 깨우겠다."라며 그의 죽음을 의도적으로 잠든 것으로 완곡하게 표현하셨다. 우리말과 마찬가지로 그리스말이나 히브리말에서도 가끔 '잠'이 죽음의 표상으로 이용되는데(마태 27,52; 1코린 11,30; 15,6; 1테살 4,13-15), 이런 표현으로 죽음에 대한 새로운 이해를 불러들이신다(마태 9,24; 마르 5,39; 루카 8,52 참조). 라자로가 죽은 것이 확실하지만, 하느님께서는 죽은 이들을 일으켜 세우시어, 죽음을 '잠'에 불과한 것으로 만드실 수 있는 분이기 때문에, 예수님께는 죽음이 최종적인 것이 아니다. 당시 사두가이들은 부활을 믿지 않았지만, 바리사이들의 영향을 받는 곳에서는 종말의 부활에 대한 희망이 널리 퍼져 있었다(다니 12,1-3; 2마카 7,22-24; 12,44 참조). 그들은 죽은 사람이 저승에 머물다가 마지막 종말의 날에 심판을 받기 위하여 다시 살아난다고 믿었다. 예수님께서 마르타에게 "네 오빠는 다시 살아날 것이다." 하셨을 때 마르타도 이런 차원에서 "마지막 날 부활 때에 오빠도 다시 살아나리라는 것을 알고 있습니다." 하고 대답하였다. 그러나 예수님은 당신을 믿는 이들을 충만한 생명과 종말의 부활에 이르게 하는 권능을 성부에게서 받은 분이시다(5,26-29; 6,39-40.44.54).

예수님과 마르타의 대화는 계속 이어진다. 예수님께서 마르타에게 "나는 부활이요 생명이다. 나를 믿는 사람은 죽더라도 살고, 또 살아서 나를 믿는 모든 사람은 영원히 죽지 않을 것이다. 너는 이것을 믿느냐?" 하고 묻자, "예, 주님! 저는 주님께서 이 세상에 오시기로 되어

있는 메시아시며 하느님의 아드님이심을 믿습니다." 하고 대답하였다.(11,25-27 참조)

그런데 11장 25절과 26절에서는 똑같이 '죽다(ἀποθνήσκω, 아포트네스코)' 동사가 사용되었다. "나는 부활이요 생명이다. 나를 믿는 사람은 죽더라도 살고"(25절)에서 사용된 '죽다' 동사는 사망, 곧 지상 생존의 끝을 뜻한다. 반면에 "또 살아서 나를 믿는 모든 사람은 영원히 죽지 않을 것이다."(26절)에서 사용된 '죽다' 동사는 하느님과 단절된, 즉 믿음 없는 생명을 가리키는데 이것이 참죽음이다. 이와 같이 요한은 라자로의 부활을 통해 예수님께서 우리를 죽음에서 생명으로 건너가게 해 주시는 분임을 강조한다.

26절 끝에서 "너는 이것을 믿느냐?" 하고 예수님께서 물으시자, 마르타는 "예, 주님! 저는 주님께서 이 세상에 오시기로 되어 있는 메시아시며 하느님의 아드님이심을 믿습니다." 하고 신앙을 고백한다. 이 순간 마르타가 막연하게 믿어오던 마지막 종말의 날 다시 살아난다는 부활 신앙과 이에 대한 희망이, '부활'이신 예수 그리스도(메시아) 안에서 실현된다(14,3; 15,7.16; 16,23-34; 1요한 3,21-22; 5,14-15 참조). 또한 "살아서 나를 믿는 모든 사람은 영원히 죽지 않을 것이다."(26절)라는 예수님의 말씀대로, '생명'이신 당신을 믿는 사람들은 죽었다가 다시 살아나야만 영원한 생명을 얻는 것이 아니라, 예수 그리스도를 믿는 바로 그 순간부터 이미 영원한 생명을 누리게 된다.

다음은 예수님께서 마리아를 만나시는 장면으로 이어진다(11,28-37). 집에 머물던 동생 마리아에게 마르타가 "스승님께서 오셨는데 너를 부르신다." 하자, 마리아가 일어나 예수님께 가서 그분 발 앞에 엎드려 마르타처럼 "주님, 주님께서 여기에 계셨더라면 제 오빠가 죽지 않았을 것입니다." 하고 말씀드렸다. 이 대목에서 요한은, 마리아도 울고 또 그와 함께 온 유다인들도 우는 것을 보신 예수님께서 마음이 북받치고 산란해져 눈물까지 흘리셨다는 점을 강조하며 전한다. 예수님의 이러한 심리 표현은, 마리아를 비롯한 주변사람들의 불신 또는 희망의 결여에서 나오는 통곡을 보시고 느낀 분노를 가리킬 수도 있다. 하지만 모든 인간을 비천하게 하고 비참하게까지 하는 죽음 앞에 무기력한 인간 존재에 대한 연민과 기세등등한 죽음을 어쩔 수 없이 숙명적으로 받아들이며 슬퍼하는 사람들을 보시고 느끼신 비통을 가리킬 수도 있다.

이어서 표징은 라자로를 다시 살리시는 내용으로 마무리된다.(11,38-44) 다시 속이 북받치신 예수님께서는 무덤으로 가시어 하늘

"주님, 주님께서 여기에 계셨더라면
제 오빠가 죽지 않았을 것입니다."(11,32)

을 우러러보시며 "아버지, 제 말씀을 들어 주셨으니 아버지께 감사드립니다. 아버지께서 언제나 제 말씀을 들어 주신다는 것을 저는 알고 있습니다. 그러나 이렇게 말씀드린 것은, 여기 둘러선 군중이 아버지께서 저를 보내셨다는 것을 믿게 하려는 것입니다." 하고 말씀하신 후 큰소리로 "라자로야, 이리 나와라." 하고 외치셨다. 죽어서 묻혔던 라자로가 손과 발이 천으로 감기고 얼굴은 수건으로 감싸인 채 무덤에서 나왔다. 예수님께서 사람들에게, "그를 풀어 주어 걸어가게 하여라." 하고 말씀하셨다.

늘 예수님의 말씀을 들으시고 그분의 청을 들어주시는 성부께서는, 예수님의 말씀을 통하여 라자로를 다시 살리심으로써, 당신과 예수님이 부자(父子) 관계이심을 입증해 주셨다. 사실 요한복음은, 하느님과 예수님의 관계가 배타적인 부자관계임을 강조하는데, 예수님께서 일으키신 표징과 특별한 담화 때마다 이 사실을 강조한다.

왕실 관리의 아들을 살리시고(4,46-54) '벳자타' 못 가에서 병자를 고쳐주셨으며(5,1-18) 태어나면서부터 눈먼 사람을 고쳐주신 표징(9,1-41)을 통하여 예수님께서는, 질병과 고통에서부터 인간을 해방시키고 구원하시는 놀라운 능력을 지니신, 생명의 주인이시고 세상의 빛이시며 구세주로서의 당신의 신원을 드러내셨다. 이제 라자로를 다시 살리신 표징을 통해서는 당신이 바로 '부활'이요 '생명'이심을 계시하시는데, 이것은 당신의 부활을 예고하는 것이기도 하다. 곧 라자로는 다시 살아났지만 또다시 죽어야 할 것이기에, 그가 다시 살아난 것은 예수님의 부활의 '표징'에 불과하다. "라자로가 손과 발은 천으로 감기고 얼굴은 수건으로 감싸인 채 나왔다."(11,44)라는 사실은, 그가 아직도 죽음에 매인

"나는 부활이요 생명이다.
나를 믿는 사람은 죽더라도 살고,
또 살아서 나를 믿는 모든 사람은 영원히 죽지 않을 것이다.
너는 이것을 믿느냐?"(11,25-26)

나약한 인간 존재로 머물러야 함을 의미한다. 하지만 "예수님의 얼굴을 쌌던 수건은 아마포와 함께 놓여 있지 않고, 따로 한곳에 개켜져 있었다."(요한 20,7)라는 증언대로 예수님께서는 죽음의 수의를 스스로 벗어 놓고 다시 살아나시어 '부활'이요 '생명'이심을 입증하셨다.

예수님께서 일으키신 표징의 결과는 늘 믿음이나 격렬한 반대 등 여러 가지 반응을 불러오는데(7,43; 9,16; 10,19 참조), 이 마지막 표징을 빌미로 삼아 '(최고) 의회'는 결국 예루살렘에서 예수님을 죽인다는 결정을 내리게 된다(11,45-57). '그해의 대사제'였던 카야파가 당연히 최고

의회 의장의 자격으로 예수님에 관한 논쟁을 정치적 쟁점화 하여 "여러분은 아무것도 모르는군요. 온 민족이 멸망하는 것보다 한 사람이 백성을 위하여 죽는 것이 여러분에게 더 낫다는 사실을 여러분은 헤아리지 못하고 있소."(11,49-50) 하고 말한다. 바로 이어서 요한복음은, "이 말은 카야파가 자기 생각으로 한 것이 아니라, 그해의 대사제로서 예언한 셈이다. 곧 예수님께서 민족을 위하여 돌아가시리라는 것과, 이 민족만이 아니라 흩어져 있는 하느님의 자녀들을 하나로 모으시려고 돌아가시리라는 것이다."(11,51-52) 하고 카야파에 말에 대한 설명을 첨언한다.

이 일의 종교적 배경과 동기가 어떠하든 간에, 대사제 카야파는 예수님께서 사회적 혼란을 불러일으키고 있다는 것은 명백한 사실이라고 주장하면서, 공공질서의 안녕을 유지하기 위하여 예수님 한 사람을 제거하는 것이 낫다고 말하는 것이다. 비록 카야파는 정치적이고 이기적인 계산에서 이렇게 말하였지만, 결국 자기도 모르는 사이에 예수님의 죽음이 믿는 이들에게 가지는 의미를 선포하게 된 셈이다. 훗날 제자들은, 뒤이어 일어나는 예수님의 수난과 죽음과 부활의 빛 안에서 라자로의 일을 되새겨 보면서, 카야파가 한 이 말을 전혀 다른 의미로 해석하게 된다. 곧 예수님께서는 당신의 죽음으로 이스라엘의 구원을 확고히 하시고, 성부의 인도에 따라 세상 곳곳에서 모여드는 이들

---

\* '의회'를 '최고 의회'로 옮길 수도 있는데, '(최고) 의회'(그리스말 συνέδριον, 쉬네드리온; 히브리/아람말 산헤드린)는 유다 백성의 최고 종교 기관으로서 대사제가 의장직을 맡고 칠십 명의 의원으로 구성되었다. 의원들은 대부분 사두가이였고 더러는 바리사이들이었다.

"여러분은 아무것도 모르는군요.
온 민족이 멸망하는 것보다 한 사람이 백성을 위하여 죽는 것이
여러분에게 더 낫다는 사실을
여러분은 헤아리지 못하고 있소."(11, 49-50)

을 한 백성으로 합쳐지게 하신다는 것이다. 사실 예수님께서도 사람들
의 일치를 위해서 당신이 죽으셔야 한다는 점을 여러 차례 말씀하셨다
(10,16; 17,19-23; 19,20; 21,11 참조).

# 부활사화: **부활하신 예수님께서 마리아 막달레나와 토마스에게 나타나시다** | 10

> 그날 곧 주간 첫날 저녁이 되자, 제자들은 유다인들이 두려워 문을 모두 잠가 놓고 있었다. 그런데 예수님께서 오시어 가운데에 서시며, "평화가 너희와 함께!" 하고 그들에게 말씀하셨다.(20,19)

이 부분이 속해있는 '영광의 책'(13,1-20,31)에서 요한복음 사가는 예수님 수난 때의 일과 부활하신 그리스도의 발현을 길게 이야기하는데, 짤막한 맺음말에서 분명히 밝히듯(20,30-31), 특정 기적 또는 표징들을 가려내어 전하면서 그 의미와 중요성을 부각시킨다. 이렇게 하는 목적은, 독자인 그리스도인들이 메시아시며 하느님의 아드님이신 예수님에 대한 신앙을 더욱 깊게 하고, 하느님과의 일치 속에서 자신들의 삶을 더욱 발전시키도록 이끌려는 데에 있다.

요한복음에서 예수님이 일으키신 모든 '표징(σημεῖον, 세메이온)'과 행하신 모든 '일들(ἔργα, 에르가)'의 목적은, 당신과 하느님의 관계를 계시하고 당신의 구원 과제가 무엇인가를 보여주고 완수하는 것이다. 예수님의 부활은 바로 이 '표징'과 '일들'의 목표이며 절정이다. "하느님

"마리아야!"(20,16)

께서 예수님을 죽은 이들 가운데에서 일으키셨기 때문에"(로마 10,9), 부활은 더 이상 가시적인 표징이 아니며, 하느님 아버지의 일에 속한다. 예수님께서는 당신의 부활로 죽음을 이기시고 하느님 아버지의 생명에 들어가시며 모든 권한을 받으신다(마태 28,18-20 참조). 이처럼 부활을 통하여 하느님과 예수님의 가장 긴밀한 일치가 완성되었고, 우리도 하느님과의 영원한 친교 안에서 완전한 생명으로 나아갈 수 있게 되었다.

그런데 신약성경의 어떤 본문도 예수님의 부활 사건 자체를 있는 그대로 묘사하지는 않는다. 부활 증인들 가운데 어느 누구도 역사적으로 부활하시는 예수님을 직접 목격한 것이 아니기 때문에, 우리 눈에 보이지 않은 이 부활 사건은 배타적으로 하느님의 신비에 속한다. 성경이 전하는 부활하신 분의 발현이야기들은 지극히 소박하게 표현되었지만, 더 이상 이 세상에 속하지 않는 천상적이며 초월적 존재가 되신 분의 자기계시인 것이다. 하지만 네 복음서 모두 부활하신 그분과의 만남이나 체험을 바탕으로 예수님의 부활 이후에 일어난 일들을 두 가지 유형, 곧 '빈 무덤 사화'와 '발현사화'로 전한다. 그러므로 이 두 사화는 부활하신 예수님에 관한 객관적인 역사적 사실보다는 부활하시어 살아계신 예수님에 관한 증언을 중심으로 서술한다.

여기서는 예수님께서 부활하시어 무덤이 비어있음을 전하는 '빈 무덤 사화'(20,1-10)와 마리아 막달레나와 제자들(20,11-23) 그리고 토마스(20,24-29)에게 나타나신 '발현사화'를 살펴본다.

# 빈 무덤 사화(20,1-10)

> "누가 주님을 무덤에서 꺼내 갔습니다.
> 어디에 모셨는지 모르겠습니다."(20,2)

마태오복음(마태 27,62-66)은 예수님께서 무덤에 묻히신 다음, 수석 사제들과 바리사이들이 빌라도에게 가서, 예수님께서 공생활을 하실 때 세 차례에 걸쳐 당신의 '수난과 부활 예고'를 하신 것을 빗대어 "나리, 저 사기꾼이 살아 있을 때, '나는 사흘 만에 되살아날 것이다.' 하고 말한 것을 저희는 기억합니다. 그러니 셋째 날까지 무덤을 지키도록 명령하십시오. 그의 제자들이 와서 시체를 훔쳐 내고서는, '그분은 죽은 이들 가운데에서 되살아나셨다.' 하고 말할지도 모릅니다."(마태 27,63-64) 하고 간청한 사실을 전한다. 빌라도가 그들에게, "당신들에게 경비병들이 있으니, 가서 재주껏 지키시오." 하고 퉁명스럽게 대답하자, 그들은 가서 그 돌을 봉인하고 경비병들을 세워 무덤을 지키게 하였다는 이야기도 전한다.

또한 마태오복음(28,11-25)은 예수님의 부활 후 수석 사제들과 원로들이 무덤을 지키던 경비병들에게 돈을 많이 주면서 "'예수의 제자들이 밤중에 와서 우리가 잠든 사이에 시체를 훔쳐 갔다.' 하여라."(28,13) 하고 말하자 경비병들이 그 말에 매수되어 그들이 시킨 대로 하였고, 이 일이 유다인들 사이에 널리 퍼져 있었다는 당시의 풍문도 전한다.

성경의 증언에 따르면 예수님의 시신을 안장했던 무덤이 비어있었다는 점은 분명하다. 문제는 '무덤이 왜 비어있는가'인데, 이에 대해서 유다인들과 그리스도인들 사이에 논쟁이 있었던 것으로 보인다. 곧 부활하셔서 무덤이 비어있다는 제자들의 주장과, 자기들이 시신을 훔쳐내고는 예수님이 부활했다고 말한다는 유다인들의 주장이 극명하게 차이가 난다.

네 복음서가 모두 몇몇 여인이 예수님이 묻히셨던 무덤을 찾아 가서 보니 무덤이 비어 있었다는 점을 전한다. 그런데 네 이야기 안에서는 몇 가지 독특한 점도 발견된다.

우선 마태오복음은 여인들이 무덤에 도착하였다는 사실을 전하기 전에 갑자기 지진이 일어났다고 언급한다. "그런데 갑자기 큰 지진이 일어났다. 그리고 주님의 천사가 하늘에서 내려오더니 무덤으로 다가가 돌을 옆으로 굴리고서는 그 위에 앉는 것이었다."(마태 28,2) 구약성경에서 지진은 하느님의 현존과 활동을 드러내는 현상 가운데 하나로서, 전통적으로 하느님의 현현(顯現)의 일부를 이룬다(탈출 19,18; 시편 114,7; 히브 12,26 참조).

반면 마르코복음은 "그들은 무덤에서 나와 달아났다. 덜덜 떨면서 겁에 질렸던 것이다. 그들은 두려워서 아무에게도 말을 하지 않았다."(마르 16,8) 하고 전하면서 여인들이 하늘의 사자를 만난 뒤에 달아났다는 점과 그들이 두려워 덜덜 떨며 침묵했다는 점을 언급한다. 여기서 정신없이 달아나고 아무에게도 말하지 않았다는 것은, 예수님의 부활이라는 계시가 일으킨 '신성한' 공포로 이해된다. 여인들의 이러한 반응을 통하여 마르코는, 십자가에 못 박히신 예수님의 부활이 하느님 구원의 힘의 가장 큰 발현이라는 점을 강조한다. 예수님의 무덤이 비었다는 사실이 여기서는 부활의 증거로 제시되기보다는 십자가

에 못 박히신 분, 곧 이제는 부활하신 분을 찾는 일이 헛되다는 점을
강조하는 것이다.

또한 공관복음서에 따르면(마태 28,5-7; 마르 16,6-7; 루카 24,4-7), 예수
님 부활에 관한 메시지는 하느님의 한 사자 또는 여러 사자에 의해 여
인들에게 전해진다. 마태오복음(28,5-7)에서는 한 천사가 부활 소식을
전하는데, 여기서 '천사'는 구약성경의 여러 곳에 나오는 것처럼 기이
한 일을 해석하는 존재에 불과한 것이 아니라, 주님의 권위 그 자체를
지니고 스스로 행동하고 말하는 '주님의 천사'의 모습이 부각된다. 루
카복음(24,4-7)에서는 눈부시게 차려입은 '남자 둘'이 기쁜 소식을 전
하는데, 눈부신 옷을 입었다는 것은 그들이 천상존재임을 뜻한다. 성
경에서 볼 수 있는 천상존재의 다른 현현 이야기에서처럼, 여자들은
이 거룩한 현현 앞에서 공포에 빠지지만 '남자 둘'이 그들을 안심시킨
다. 한편 요한복음(20,14-17)에서는 마리아 막달레나가 무덤 안에 있는
하얀 옷을 입은 두 천사와 짧은 대화를 나눈 다음(20,12-13),[1] 부활하신
예수님의 발현을 직접 체험한다.

네 복음서 모두에서 발견되는 일반적인 공통점은, 이미 설명한 대로
예수님께서 부활하시는 모습이나 장면 자체를 서술하지 않는다는 점
이다. 마태오는 지진, 곧 하느님의 힘이 발현할 때 동반되는 현상 가운
데 하나인 지진을 언급하고, 무덤을 경비하던 자들이 천사를 보고 두

---

1. "그렇게 울면서 무덤 쪽으로 몸을 굽혀 들여다보니, 하얀 옷을 입은 두 천사가 앉아 있었
다. 한 천사는 예수님의 시신이 놓였던 자리 머리맡에, 다른 천사는 발치에 있었다. 그들이
마리아에게 '여인아, 왜 우느냐?' 하고 묻자, 마리아가 그들에게 대답하였다. '누가 저의 주
님을 꺼내 갔습니다. 어디에 모셨는지 모르겠습니다.'"(요한 20,11-13)

려워 떨다가 까무러쳤다는 묵시록적인 문체로 하느님의 행위가 가져온 결과를 전하면서 부활을 묘사한다. 마르코는 무덤이 비었다는 사실을 알리는 부분에서, 하얗고 긴 겉옷을 입고 무덤 안 오른쪽에 앉아 있던 웬 젊은이가 여인들에게 "놀라지 마라. 너희가 십자가에 못 박히신 나자렛 사람 예수님을 찾고 있지만 그분께서는 되살아나셨다. 그래서 여기에 계시지 않는다."(16,5-6) 하고 전한다. 여기서 마르코는 "되살아나셨다"는 수동태 문장을 사용하여 하느님 권능의 힘을 표현할 뿐 아니라, 하느님에게서 오는 초자연적인 메시지를 접한 여인들이 두려워 덜덜 떨며 정신없이 달아나면서 아무에게도 말하지 않았다는 반응을 통해 부활을 묘사한다.

이와 같이 복음서마다 예수님의 부활 소식을 전하는 방식은 조금씩 다르지만, 그분이 부활하셨다는 사실을 전하는 이 부활 메시지만큼은 하느님에게서만 올 수 있는 초자연적 지식이라는 점에서 동일하다. 지진이나 여인들의 도주, 하늘의 메시지 등을 통해 복음사가들이 전하고자 하는 내용은, 예수님의 부활 안에서 하느님의 구원의 힘이 결정적으로 개입하였음을 증언하려는 것이다. 그러나 여자들이 예수님의 무덤으로 갔다고 전하는 공관복음서들(마태 28,1; 마르 16,1.9; 루카 24,10)과 달리 요한복음은 마리아 막달레나 혼자 무덤으로 가서 무덤이 비어있음을 발견했다고 전한다. 요한복음이 전하는 '빈 무덤 사화'의 줄거리는 다음과 같다.

주간 첫날 이른 아침, 아직 어둠이 깔려있을 때에 마리아 막달레나가 무덤에 가서 무덤이 비어있다는 사실을 발견하고 시몬 베드로와 예수님께서 사랑하신 다른 제자에게 "누가 주님을 무덤에서 꺼내 갔습니다. 어디에 모셨는지 모르겠습니다." 하고 말했다. 시몬 베드로와 다른 제자 한 사람이 이 사실을 확인하기 위하여 무덤으로 달려갔다. 다른 제자가 베드로보다 빨리 달려 먼저 무덤에 도착하였지만, 뒤따라온 시몬 베드로가 다른 제자보다 먼저 무덤으로 들어가서, 예수님의 시신을 감쌌던 아마포와 얼굴을 쌌던 수건이 따로 한곳에 개켜져 있고 무덤이 비어있다는 사실을 확인한다. 그러나 시몬 베드로도 마리아 막달레나처럼 "예수님께서 죽은 이들 가운데에서 다시 살아나셔야 한다는 성경 말씀을 아직 깨닫지 못하고"(20,9) 즉 부활신앙에 이르지 못한 채 집으로 돌아갔다. 하지만 주님께서 사랑하신 제자는 "보고 믿었다."(20,8)고 전한다.

마리아 막달레나나 베드로와 달리, 예수님의 사랑을 받던 제자는 믿음을 통하여 예수님의 무덤이 비어 있고 아마포가 잘 개켜져 있는 걸 보고 누군가 시신을 도둑질하거나 다른 데로 옮겨 간 것이 아니라, 그분께서 부활하셨음을 가리키는 표지로 받아들이고 곧바로 부활신앙에 이르게 된다.

또한 부활하신 예수님께서 엠마오로 가는 두 제자와 동행하시면서 나눈 대화에서도 빈 무덤에 관한 증언이 소개된다. "그런데 우리 가운데 몇몇 여자가 우리를 깜짝 놀라게 하였습니다. 그들이 새벽에 무덤으로 갔다가, 그분의 시신을 찾지 못하고 돌아와서 하는 말이, 천사들의 발현까지 보았는데 그분께서 살아 계시다고 천사들이 일러 주더랍니다. 그래서 우리 동료 몇 사람이 무덤에 가서 보니 그 여자들이 말한 그대로였고, 그분은 보지 못하였습니다."(루카 24,22-24) 이처럼 그때까지도 부활을 못 믿는 두 제자에게 예수님께서는, 모세와 모든 예언자로부터 시작하여 성경 전체에 걸쳐 당신에 관한 기록들을 설명해 주시면서(루카 24,27), 그리스도는 반드시 고난을 겪고서 자기의 영광 속에 들어가야 한다는 점을 강조하셨다. 예수님의 부활사건을 제대로 해석하고 자리매김하기 위해서는, 예수님께서 두 제자에게 하신 것처럼 그분의 말씀과 행적들을 구약성경에 비추어 살펴보아야 비로소 가능한 것이다(루카 24,27.44-46; 사도 2,24-31; 13,32-37; 1코린 15,4).

빈 무덤 사화를 마무리하면서 우리는, 무덤이 비어있었다는 사실이 부활 신앙을 가진 신앙인들에게 부활의 표지가 될 수는 있지만, 빈 무덤 자체가 부활 신앙의 근원이 될 수는 없다는 점을 깨닫게 된다. 그래서 무엇보다 부활하신 그분과의 만남이 중요한 것이다.

## 발현사화(20,11-29)

> 마리아 막달레나는 제자들에게 가서 '제가 주님을 뵈었습니다.' 하면서, 예수님께서 자기에게 하신 이 말씀을 전하였다.(20,18)

앞에서 설명한 대로 복음서들은, 예수님께서 부활하시는 모습이나 장면 자체를 구체적으로 서술하지 않을 뿐 아니라, 처음으로 부활 소식을 접하는 그 순간에도, 어느 누구도 부활하신 예수님을 직접 뵌 사람이 없다는 점을 전한다. 부활 메시지가 전달되는 방식에서도, 예수님이 아니라 단지 천사나 다른 사신들을 통해서 부활소식을 전해들을 뿐이다. 그러나 요한복음은 부활하신 예수님께서 당신이 선택하신 증인들에게 살아 계심을 보여주셨음을 전한다.

코린토 신자들에게 보낸 편지에서 바오로 사도는 자기가 선포하는 그리스도교 복음의 근본 내용을 "나도 전해 받았고 여러분에게 무엇보다 먼저 전해 준 복음은 이렇습니다. 곧 그리스도께서는 성경 말씀대로 우리의 죄 때문에 돌아가시고 묻히셨으며, 성경 말씀대로 사흘날에 되살아나시어, 케파에게, 또 이어서 열두 사도에게 나타나셨습니다. 그다음에는 한 번에 오백 명이 넘는 형제들에게 나타나셨는데, 그 가운데 더러는 이미 세상을 떠났지만 대부분은 아직도 살아 있습니다. 그다음에는 야고보에게, 또 이어서 다른 모든 사도에게 나타나셨습니다. 맨 마지막으로는 칠삭둥이 같은 나에게도 나타나셨습니다."(1코린 15,3-8) 하고 요약해 전해 준다. 부활하신 예수님께서 마리아 막달레나를 비롯하여 선택된 증인들에게 직접 나타나신 발현 이야기야말로 우리가 예수님의 부활 신앙에 이르도록 하는 탄탄한 근거가 된다. 또한 이것은 이미 바오로 이전부터 초대교회 신앙 고백문의 핵심으로 고정된 문구이기도 하다. 이제 요한복음에서 예수님의 부활에 관한 이야기는 빈 무덤사화에서 부활하신 예수님의 발현사화로 이동한다.

■ 마리아 막달레나에게 나타나시다

"마리아야!"(20,16)

무덤 밖에 서서 울고 있던 마리아에게 천사가 "여인아, 왜 우느냐?" 하고 묻자 마리아가 "누가 저의 주님을 꺼내 갔습니다. 어디에 모셨는지 모르겠습니다." 하고 말하였다. 그리고 뒤로 돌아섰는데, 거기 예수님께서 서 계셨지만 그분이 예수님이신 줄은 몰랐다. 예수님께서 마리아에게 "여인아, 왜 우느냐? 누구를 찾느냐?"(13절, 15절 참조) 하고 물으시자, 마리아는 그분을 정원지기로 생각하고 "선생님, 선생님께서 그분을 옮겨 가셨으면 어디에 모셨는지 저에게 말씀해 주십시오. 제가 모셔 가겠습니다." 하고 말하였다. 예수님께서 "마리아야!" 하고 부르시자 비로소 마리아는 예수님을 알아보고 "라뿌니(스승님)!" 하고 부르면서 부활하신 그분과 만나게 된다.

발현하신 예수님과 마리아의 이 극적인 만남은 부활하신 '주님'의 자기 계시로서, 예수님께서 이 만남을 주도하신다. 처음에 마리아는 자기 앞에 예수님이 서 계시지만, 그분을 정원지기라고 생각할 뿐 부활하신 그분을 알아보지 못한다. 그래서 "선생님께서 그분을 옮겨 가셨으면 어디에 모셨는지 저에게 말씀해 주십시오. 제가 모셔 가겠습니다." 하고 다시 말한다(20,13.15). 그러나 예수님께서 "마리아야!" 하고 부르시자, 마리아도 돌아서서 곧바로 "라뿌니!"로 화답하면서 부활하신 그분을 '스승님', '주님'으로 고백한다. 이와 같이 예수님께서 당신 자신을 몸소 드러내어 보여주실 때만, 우리도 신앙의 눈이 열려 그분을 알아볼 수 있게 된다.

이어서 예수님께서는 반가워 당신을 붙드는 마리아에게, 이제 그만하라는 의미에서 "내가 아직 아버지께 올라가지 않았으니 나를 더 이상 붙들지 마라. 내 형제들에게 가서, '나는 내 아버지시며 너희의 아버지신 분, 내 하느님이시며 너희의 하느님이신 분께 올라간다.' 하고 전하여라." 하고 말씀하셨다. 이 말씀에 따르면, 부활하신 분께서 마리아 막달레나에게 육신을 지닌 모습으로 나타나셨을 때는 아직 아버지게 '올라가지' 않으셨고 영광스럽게 되지 않으신 상태에서 아버지께 올라가시는 중인 셈이다. 이처럼 요한복음은 예수님의 부활을 죽음을 이기고 승리하신 예수님께서 아버지께 올라가시는 것으로 묘사하는데, 여기서 눈여겨 볼 대목이 있다. 곧 예수님께서 성부를 '내 아버지', '너희의 아버지', '내 하느님', '너희의 하느님'으로 지칭하시면서 제자들을 '내 형제들'이라고 부르신 점이다.

레이몬드 브라운은 요한복음 전체에서 하나의 원과 같은 개념이 발견된다고 주장한다. 즉 '한처음'부터 하느님 곁에 계셨던 '말씀'이 이 세상에 내려오시어(강생) 우리와 같은 사람이 되시고(육화), 다시 하늘로 올라가시어 우리를 하느님과 같은 처지에 있게 하셨다는 것이다. 곧 1장의 머리글은 하느님 곁에 계시던 아드님이 세상에 내려오신 것을 칭송하고, 복음서의 나머지 부분은 그 외아드님이 우리 가운데 사시다가 하늘에 계신 아버지 하느님께 다시 올라가시는 여정을 서술하는 것이다. 슈낙켄부르크도 머리글 로고스 찬가의 "말씀이 사람이 되시어 우리 가운데 사셨다. 우리는 그분의 영광을 보았다. 은총과 진리가 충만하신, 아버지의 외아드님으로서 지니신 영광을 보았다."(1,14)는 구절을 인용하면서, 말씀의 육화와 강생으로 우리가 그분의 영광을 보게 되었는데, 이것은 강생하신 그분께서 아버지의 영광 속에 들어가셨기 때문에 가능하다고 주장한다.

이와 같이 지상에서 제자들과 함께 현존하던 예수님께서 부활하시어 아버지께 올라가면, 아버지와 함께 천상적 존재, 초월적 존재로 현존하실 것이다. 따라서 마리아에게 하신 예수님의 말씀 안에는, 부활하신 당신과 마리아를 비롯한 제자들과의 관계가 새롭게 설정된다는 사실이 드러난다. 지금까지 예수님께서는 하느님에 대해서 '내 아버지'라고 말씀하셨는데, 여기에서는 일정한 차이를 두시면서도 처음으로 제자들을 당신의 '형제들'이라고도 일컬음으로써(마태 28,10도 참조)[2], 제자들과 관련된 하느님의 부성을 이야기하신다. 곧 '너희의 아버지'라는 표현은 은연중에 '새 계약'을 시사하는데, 하느님 아버지의 영광 속으로 들어가신 예수님과의 관계 덕분에 제자들도 이 새 계약에 참여하게 되어(1,12; 1요한 3,1-2 참조) 하느님을 '우리 아버지'라고 부르게 되었다.

이 단락은 "마리아 막달레나는 제자들에게 가서 '제가 주님을 뵈었습니다.' 하면서, 예수님께서 자기에게 하신 이 말씀을 전하였다."(20,18) 하고 마감된다. 부활하신 예수님을 처음으로 만난 마리아 막달레나는, 자신이 체험한 발현이야기와 다시 살아나신 분에게서 전해 받은 부활 메시지를 제자들에게 직접 전함으로써, 그야말로 '파견된 이', '사자(使者)', 더 나아가서는 '전권(全權)을 위임받은 이'를 뜻하는 '사도들의 사도(Apostolorum Apostola)'라고 불리게 되었다.

■ 제자들에게 나타나시어 사명을 부여하시다

마리아 막달레나에게 나타나신 예수님께서는 그날 저녁, 유다인들이 두려워 문을 모두 잠가 놓고 있던 제자들에게 발현하시어 "평화가 너희와 함께!" 하고 말씀하시고, 당신의 두 손과 옆구리를 그들에게 보여

---

2. "그때에 예수님께서 그들에게 말씀하셨다. '두려워하지 마라. 가서 내 형제들에게 갈릴래아로 가라고 전하여라. 그들은 거기에서 나를 보게 될 것이다.'"(마태 28,10)

주셨다(20,19-20). 부활하신 예수님께서 제자들에게 당신 수난과 죽음의 흔적을 보여주심으로써, 당신이 바로 공생활 중에 그들과 함께 계시던 분이고, 앞으로도 그들 곁에 계시면서 그들을 이끌어 주실 분이라는 점을 강조하신다(14,3.18-19; 16,16 참조).

"평화가 너희와 함께!
성령을 받아라."(20,21.22)

예수님께서는 당신을 뵙고 기뻐하는 제자들에게 다시 "평화가 너희와 함께! 아버지께서 나를 보내신 것처럼 나도 너희를 보낸다." 하고 사명을 맡기신 다음, 숨을 불어넣으며 "성령을 받아라. 너희가 누구의 죄든지 용서해 주면 그가 용서를 받을 것이고, 그대로 두면 그대로 남아 있을 것이다." 하고 말씀하셨다. 그런데 이 자리에는 토마스가 없었다.

앞에서도 언급한 것처럼 요한복음 사가는 예수님께서 직접 보여주신 표징과 가르침은 물론이고, 전승되던 다른 말씀들도 자기 신학적 테두리 안에서 깊이 명상하고 복음서를 저술하였다. 바로 여기서도 요한복음의 고유한 신학의 한 부분을 만나게 된다. 루카복음과 사도행전의 저자 루카는 예수님의 부활(루카 24,1-49)과 성령강림(사도 2,1-13)을 구분하여 전한다. 반면에 요한복음은 위와 같이 예수님께서 부활하신 그날 저녁에 성령께서 내려오신 것으로 전한다.

"숨을 불어넣으며 말씀하셨다. 성령을 받아라."(20,22)에서 사용된 '숨을 불어넣다(그리스말 ἐμφυσάω, 엠퓌사오)'는, 창세기 창조설화 가운데서 하느님께서 사람을 처음으로 창조하실 때 사용된 단어와 같은 것으로, "그때에 주 하느님께서 흙의 먼지로 사람을 빚으시고, 그 코에 생명의 숨을 불어넣으시니, 사람이 생명체가 되었다."(창세 2,7)는 말씀을 상기시킨다. 곧 하느님께서 흙의 먼지로 빚으신 사람의 코에 생명의 숨을 불어넣으심으로써 사람이 생명체가 되었듯이, 부활하신 그리스도께서 '숨을 불어넣으시는' 이 행동은 바로 하나의 새로운 창조, 곧 "죽은 이들을 다시 살리시고 존재하지 않는 것을 존재하도록 불러내시는"(로마 4,17) 참부활임을 시사한다. 죽은 생명을 되살리는 새 창조적 힘으로 새로운 생명을 불어넣으시는 성령께서는, "내가 아버지에게서 너희에게로 보낼 보호자, 곧 아버지에게서 나오시는 진리의 영이 오시면, 그분께서 나를 증언하실 것이다. 그리고 너희도 처음부터 나와 함께 있었으므로 나를 증언할 것이다."(15,26-27)라는 예수님의 말씀대로, 이제부터 제자들이 예수님과의 일치 속에서 사명을 수행하는 여정에 함께하시면서 그들의 설교에 참된 힘과 진리를 부여하시고 그들이 증언할 수 있도록 구원의 힘이 되실 것이다. 또한 성령의 도우심으로 제자들은 세상에 대한 예수님의 사명 수행을 계속하는 가운데, 사람들의 죄를 용서하기도 하고 그대로 두기도 할 것이다.[3]

■ 토마스에게 나타나시다

부활하신 예수님께서 마리아 막달레나에 이어 제자들에게 나타나셨을 때 토마스는 그 자리에 없었다. 주님을 뵈었다는 다른 제자들의 말에 토마스는 "나는 그분의 손에 있는 못 자국을 직접 보고 그 못 자국에 내 손가락을 넣어 보고 또 그분 옆구리에 내 손을 넣어 보지 않고는 결코 믿지 못하겠소."라고 응수했다.

여드레 뒤에 토마스를 포함한 제자들이 다시 집 안에 모여 있을 때 예수님께서 다시 나타나셨다. 예수님께서는 "평화가 너희와 함께!" 하고 말씀하시고는 토마스에게 "네 손가락을 여기 대 보고 내 손을 보아라. 네 손을 뻗어 내 옆구리에 넣어 보아라. 그리고 의심을 버리고 믿

---

3. 사죄권과 관련하여 가톨릭교회와 동방 교회에서는 죄를 용서하는 권한이, 예수님과의 일치 속에서 사목 책임이 맡겨진(요한 21,15-17) 사도단의 구성원들에게 부여된 것으로 이해한다. 개신교 전통에서는 이 사목의 책임과 권한이 특별히 베드로(마태 16,19)나 어떤 사제직이 아니라(루카 24,48 참조), 모든 제자 곧 모든 시대의 신앙인들에게 주어졌다고 해석한다(요한 17,20-26 참조).

"저의 주님, 저의 하느님!" (20,28)

어라." 하고 이르셨다. 토마스가 예수님께 "저의 주님, 저의 하느님!" 하고 대답하자 예수님께서는 "너는 나를 보고서야 믿느냐? 보지 않고도 믿는 사람은 행복하다." 하고 말씀하셨다.

그러므로 이제부터는 믿음을 불러일으키는 가장 결정적인 표징이 보고 믿을 수 있도록 이끄는 비상한 기적이 아니라, '성경',[4] 곧 모세와

---

4. "그리고 이어서 모세와 모든 예언자로부터 시작하여 성경 전체에 걸쳐 당신에 관한 기록들을 그들에게 설명해 주셨다."(루카 24,27).

모든 예언자를 통하여 하느님께서 일관되게 내리시는 그분의 가르침이어야 한다. 이처럼 예수님께서는 당신에 관하여 "모세의 율법과 예언서와 시편에 기록된 모든 것이 다 이루어져야 한다."(루카 24,44)는[5] 믿음이 눈으로 보고 확인하는 물질적 표징보다 훨씬 우월하고 중요함을 말씀하시는 것이다.

공관복음서와 달리 요한복음서에서는 토마스의 중요한 역할이 돋보인다(11,16; 14,5; 21,2). 특히 부활하신 예수님께서 나타나셨다는 다른 제자들의 증언을 믿지 못하던 토마스가, 자기 앞에 나타나신 예수님을 보고 "저의 주님, 저의 하느님!" 하고 신앙을 고백하는 모습이 그렇다. 이 고백은 예수님의 신원, 곧 '예수님은 과연 누구신가'와 관련하여 가장 명쾌한 고백이며 그분의 신원에 대한 고백의 절정이다.

그러자 예수님께서 토마스에게 "너는 나를 보고서야 믿느냐? 보지 않고도 믿는 사람은 행복하다." 하고 말씀하셨다. 토마스의 고백이 있은 다음, 이제부터는 믿음과 신앙이 제자들처럼 직접 보는 것에 근거하지 않고, 세례자 요한과 사도들을 포함하여 예수님의 표징을 직접 보고 그분의 가르침을 들은 사람들의 증언에 바탕을 둔다. 이러한 신앙을 통하여 토마스 이후 모든 그리스도인들이 부활하신 그리스도와의 깊은 일치 속으로 들어가게 되는 것이다(17,20 참조).

토마스 사도의 고백과 관련하여 성 대 그레고리오 교황의 성서적이고 영성적인 강론(*Hom. 26,7-9*: PL 76,1201-1202)은 깊은 울림을 주기에,

---

5. "내가 전에 너희와 함께 있을 때에 말한 것처럼, 나에 관하여 모세의 율법과 예언서와 시편에 기록된 모든 것이 다 이루어져야 한다."(루카 24,44)

한 부분을 소개한다.

이것은 우연히 된 것이 아닙니다. 하느님의 섭리로 된 것입니다. 하느님의 자비는 놀랍게 역사했습니다. 그 의심하는 제자가 스승의 육신이 받은 상처에 손을 대었을 때 우리 하느님께서는 불신앙이라는 상처를 고쳐주셨습니다. 우리 신앙에 있어서 토마스의 불신앙은 믿는 제자들의 신앙보다 더 유리했습니다. 사도 토마스가 주님의 상처에 손을 대보고 믿게 되었다는 것을 볼 때 우리 영혼은 온갖 의심에서 벗어나 신앙이 견고하게 됩니다. 의심하면서 주님의 상처에 손을 대는 이 사도는 부활의 참된 사실을 보여 주는 증인이 되었습니다.

토마스가 손을 대어보고 "저의 주님, 저의 하느님"이라고 외치자, 예수님께서는 "토마스야, 너는 나를 보고서야 믿느냐?" 하고 말씀하셨습니다. "신앙은 우리가 바라는 것의 보증이고 보이지 않는 것의 확증입니다."라고 사도 바오로는 말했습니다. 신앙이 보이지 않는 것들을 확증해 준다는 것은 명약관화한 일입니다. 보이는 것은 신앙으로 믿는 것이 아니고 지식으로 아는 것입니다. 그렇다면 토마스가 자기 눈으로 보고 손을 댈 때, 왜 주님께서는 "너는 나를 보고서야 믿느냐?" 하고 물어 보십니까? 그가 눈으로 본 것과 신앙으로 믿는 것은 서로 다른 것이었기 때문입니다. 토마스라는 사람은 자기 눈으로 하느님을 볼 수 없었습니다. 그는 인간의 눈으로 한 사람을 보고 신앙으로 "저의 주님, 저의 하느님"이라고 하면서 하느님을 고백하였습니다. 눈으로 보고 믿었습니다. 인간을 보고 자기가 보지 못한 하느님이심을 고백했습니다.

다음에 따라오는 말씀은 크나큰 기쁨을 샘솟게 합니다. "나를 보지 않고도 믿는 사람은 행복하다." 주님은 이 말씀을 하실 때 우리를 특별히 염두에 두셨던 것입니다. 육신의 눈으로 보지 않고도 영으로 믿는 사람은 우리들입니다. 그러나 우리의 신앙에 행위가 뒤따르도록 해야만, 여기서 주님께서 우리를 염두에 두시고 말씀하신다고 할 수 있습니다. 실상 믿는 것을 실천에 옮기는 사람만이 참으로 믿는 사람입니다. 말로만 믿는다고 하는 사람에 대해 성 바오로는 "그들은 하느님을 안다고 말은 하지만 행동으로는 하느님을 부인하고 있습니다."라고 말합니다. 그리고 사도 야고보는 "행동이 없는 믿음은 죽은 믿음"이라고 덧붙입니다.

"예수님께서 사랑하신 그 제자가 베드로에게 '주님이십니다.'

하고 말하였다."(21,7)

제20장 마지막 부분에서 요한복음 사가가 "예수님께서는 이 책에 기
록되지 않은 다른 많은 표징도 제자들 앞에서 일으키셨다. 이것들을
기록한 목적은 예수님께서 메시아시며 하느님의 아드님이심을 여러
분이 믿고, 또 그렇게 믿어서 그분의 이름으로 생명을 얻게 하려는 것
이다."(20,30-31) 하고 저술 목적을 밝히는 것을 보면, 이 부분이 본디
요한복음서의 '맺음말'이었을 것이다. 그런데 이 '맺음말'에 이어 21장
에 '일곱 제자에게 나타나신 일화'(21,1-14)와 '예수님께서 사랑하신 제
자와 베드로'(21,15-23)에 관한 두 단락이 부록처럼 첨부되어 있다. 이
21장에 요한복음서의 전형적인 특징이 드러나면서 독특한 표현이나
개념들도 등장하기 때문에, 대부분의 성서학자들은 이 부분을 복음사
가의 제자들이 편집하여 보충한 것으로 추정한다. 그 가운데서도 특히
"이 제자가 이 일들을 증언하고 또 기록한 사람이다. 우리는 그의 증언

"와서 아침을 먹어라."
(21,12)

이 참되다는 것을 알고 있다. 예수님께서 하신 일은 이 밖에도 많이 있다. 그래서 그것들을 낱낱이 기록하면, 온 세상이라도 그렇게 기록된 책들을 다 담아 내지 못하리라고 나는 생각한다."(21,24-25)라는 이 마지막 두 절은, 분명히 제자들이 직접 써서 나중에 첨가하였을 것이다.

예수님께서 부활하신 뒤에 일곱 제자에게 나타나시어 고기를 많이 잡게 하신 일화(21,1-14)에서는 특이한 점이 발견된다. 제20장의 부활하신 예수님께서 마리아 막달레나와 문을 걸어 잠그고 있던 제자들, 그리고 토마스에게 나타나신 발현사화의 배경 장소가 모두 예루살렘이었던 반면, 이 일곱 제자[1]에게 나타나신 장소는 티베리아스 호숫가로서 갈릴래아 지방이라는 점이다.

시몬 베드로가 티베리아스 호수로 고기를 잡으러 나서자 여섯 제자가 함께 가서 밤새 고기를 잡으려고 하였다. 아무것도 잡지 못한 채 아침이 될 무렵, 부활하신 예수님께서 물가에 서 계셨는데 제자들은 그분을 알아보지 못하였다. 밤새 헛수고만 한 그들에게 예수님께서 "그물을 배 오른쪽에 던져라. 그러면 고기가 잡힐 것이다." 하고 말씀하셨다. 그들이 그 말씀대로 그물을 던졌더니 그물을 끌어 올릴 수 없을 정도로 고기가 너무 많이 걸렸다. 그런데도 그물은 찢어지지 않았는데, 그물 안에는 큰 고기가 무려 백쉰세 마리나 들어 있었다.

여기서 요한복음서의 전형적인 신학이 발견되는데, '큰 고기 백쉰세 마리'의 경우가 그렇다. '백쉰셋'이라는 숫자가 구체적으로 무엇을 가

---

1. 성경에서 '7'은 보편성과 충만함을 표현하는 상징적인 숫자인데, 여기서 말하는 일곱 제자는 다음과 같다. "시몬 베드로와 '쌍둥이'라고 불리는 토마스, 갈릴래아 카나 출신 나타나엘과 제베대오의 아들들, 그리고 그분의 다른 두 제자가 함께 있었다."(21,2)

리키는지는 분명하지 않지만, 아마도 상징적 숫자로 표현된 것 같다. 예로니모 성인에 따르면 고대의 자연과학자들은 세상의 고기 종류가 153가지라고 생각하였다. 성경에서 '10'은 일련의 번호를 매기는 일이 끝났음을 뜻하는 충만의 수이고, '7'은 완전한 수다. 아우구스티노 성인은 율법에서 '10'은 충만함을 상징하는 숫자이고 '7'은 성령의 일곱 가지 은총을 상징하는 숫자라고 이해했다. 충만함과 완전함을 표현하는 두 숫자 모두를 더하면 10+7=17이고, 1에서 17까지의 숫자를 모두 더하면 '153'이 된다. 곧 구약의 완전함(충만함)과 보편성을 상징하는 숫자와 신약의 완전함(충만함)과 보편성을 상징하는 숫자를 합하면 '153'이 된다.[2]

또한 이 일화는 예수님의 갈릴래아 활동 초기로 전해지는 루카복음의 '기적적인 고기잡이'(루카 5,1-11) 이야기와 비교할 수 있다. 여기서 루카는 고기잡이 기적을 제자들의 소명과 연결하면서, "나를 따라오너라. 내가 너희를 사람 낚는 어부가 되게 하겠다."(마르 1,17)라는 말씀에 대한 해설처럼 이야기를 소개한다. 공관복음에서 특히 고기 잡는 그물은 열두 사도가 수행할 사명에 적용되는데, 요한복음의 기적 이야기도 제자들의 사명과 교회의 상징과 같은 이러한 배경이 돋보인다. 부활하신 그리스도의 말씀과 지시에 따라 제자들이 활동함으로써, 인간적인 모든 예상을 뒤엎고 도처의 사람들을 모아 유일한 공동체를 이룰 수 있음을 체험한 것이다. 그래서 요한은 큰 고기가 그렇게 많았는

---

2. 아울러 상징적인 숫자 '153'에서, 꽉 찬 숫자 '100'은 상징적으로 앞으로 그리스도께 모이게 될 이방인을, '50'은 그리스도께 모일 수 있는 이스라엘 나머지 백성을, '3'은 삼위일체이신 하느님의 영광을 뜻한다는 주장도 참조.

"그들과 함께 식탁에 앉으셨을 때,
예수님께서는 빵을 들고 찬미를 드리신 다음
그것을 떼어 그들에게 나누어 주셨다.
그러자 그들의 눈이 열려 예수님을 알아보았다."
(루카 24,30-31)

데도 '그물'이 찢어지지 않았음을 특별히 강조하면서, 사도들의 사목적 '그물'도 인간의 모든 종족을 한 교회 안으로 모아들이게 된다고 말한다(마태 13,47-50 참조).

요한복음이 편하게 그물질하기 위해 옷을 벗고 있던 베드로가 주님이시라는 말을 듣자마자 겉옷을 두르고 호수로 뛰어들었다는 당시 정황을 세심하게 묘사하는 것도 인상적이다. 베드로는 속옷이나 아래옷만 걸치고 있었던 것 같은데, 그러다가 주님에 대한 예를 갖추어 겉옷을 걸치고는 되도록이면 그분께 빨리 가려고 물속으로 뛰어든다. 성급하고 우직하던 베드로의 모습이 그대로 드러난다.

요한은 부활하신 예수님께서 "와서 아침을 먹어라." 하고 제자들을 초대하신 다음, 빵을 들어 그들에게 주시고 고기도 그렇게 주셨는데, 제자들 가운데에서 어느 누구도 "누구십니까?" 하고 묻는 사람이 없었다고 전한다. 제자들은 예수님께서 빵과 물고기를 많게 하여 오천 명을 먹이신 기적(6,1-15) 안에서 그분의 이러한 모습을[3] 이미 체험하였다. 또한 엠마오로 가던 두 제자(루카 24,13-35)가 자기들이 어떻게 부활하신 예수님을 알아보게 되었는지 그 일을[4] 자세히 전하기도 했다. 그러므로 부활하신 예수님께서 일곱 제자에게 나타나신 기적 이야기 안에는, 제자들이 빵과 물고기를 나누어주시는 예수님의 모습 안에서 부활하신 분을 알아 뵐 수 있었듯이, 또한 빵을 떼어주실 때 눈이 열려 부활하신 주님을 알아본 엠마오의 두 제자처럼, 이 복음서의 독자들도 '빵을 뗌'으로써, 곧 성찬례에서 빵을 나누어 먹음으로써(사도 2,42.46; 20,7.11) 부활하신 분을 만나 뵐 수 있다는 사실을 깨닫게 하려는 요한의 신학이 담긴 것으로 보인다.

---

3. "예수님께서는 빵을 손에 들고 감사를 드리신 다음, 자리를 잡은 이들에게 나누어 주셨다. 물고기도 그렇게 하시어 사람들이 원하는 대로 주셨다."(요한 6,11)
4. "그들과 함께 식탁에 앉으셨을 때, 예수님께서는 빵을 들고 찬미를 드리신 다음 그것을 떼어 그들에게 나누어 주셨다. 그러자 그들의 눈이 열려 예수님을 알아보았다."(루카 24,30-31)

## 예수님과 베드로(21,15-19)

> "내 (어린)양들을 돌보아라."(21,15.16.17)

부활하신 예수님께서 마련하신 아침을 먹은 다음에, 주님과 시몬 베드로의 대화가 같은 내용으로 세 번이나 이어진다.

> "요한의 아들 시몬아, 너는 이들이 나를 사랑하는 것보다 더 나를 사랑하느냐?"
> "예, 주님! 제가 주님을 사랑하는 줄을 주님께서 아십니다."
> "내 (어린)양들을 돌보아라."

세 번이나 되풀이되는 예수님의 물음에 베드로는 매우 당혹스러워하면서도, 예수님께서 수난을 받으실 때 자기는 결코 스승님을 배반하지 않겠다고 큰소리를 치고는(13,37; 마태 26,30-35; 마르 14,27-31; 루카

"요한의 아들 시몬아,
너는 나를 사랑하느냐?"(21,16)

22,31-34) 세 번이나 예수님을 모른다고 한 사실을 되새겨야 했을 것이다(13,38; 18,17.25-27). 공관복음서에 따르면 베드로는, "모두 스승님에게서 떨어져 나갈지라도, 저는 결코 떨어져 나가지 않을 것입니다." 하고 장담하였다(마태 26,33; 마르 14,29). 그런데 여기서는 다른 제자들과 비교하지 않고 그냥 자기의 사랑만을 고백하면서, 질문을 하시는 주님께서 사람의 마음속까지 다 아신다고 겸손하게 아뢴다.

베드로는 예수님께서 세 번씩이나 "나를 사랑하느냐?" 하고 물으시므로 슬퍼하며 "주님, 주님께서는 모든 것을 아십니다. 제가 주님을 사랑하는 줄을 주님께서는 알고 계십니다." 하고 대답한다. 스승 예수님을 세 번이나 배반하여 부인한 베드로에게 예수님께서는 결국 세 번에 걸쳐 사랑의 고백을 할 수 있는 기회를 주신 셈이다

그러자 예수님께서는 베드로에게 "내 양들을 돌보아라." 하고 말씀하셨다. 구약성경에서 양 떼를 이끌고 보호하는 '목자'의 표상은, 때로는 하느님께(시편 23,1; 이사 40,11; 예레 31,9), 때로는 메시아 임금에게(시편 78,70-72; 에제 37,24), 때로는 이스라엘의 지도자들에게 적용되는데(예레 2,8; 10,21; 23,1-8; 에제 34), 이러한 표상이 공관복음서에서도 자주 이용된다(마태 9,36; 18,12-13; 25,32; 26,31; 마르 6,34; 14,27; 루카 15,3-7). "나는 착한 목자다."(14,11)라고 친히 말씀하신 대로, 예수님께서는 성부에게서 파견된 분인 동시에 유일한 목자이다(10,14-16; 루카 12,32 참조). 그분은 사람들을 영원한 생명으로 이끄시려고 그들의 삶의 조건에 동참하시는 성자로서, 목자의 직분을 완전히 실현하는 분이다.

유일한 목자이신 예수님께서 "내 (어린)양들을 돌보아라." 하고 말씀하시면서, 베드로가 고백하고 또 나름대로 실천해 온 사랑을 바탕

으로, 그에게 당신 양 떼에 대한 사목의 직무를 부여하신다(10,1-16 참조).[1] 그런데 사도들의 사명 수행이 강생하신 성자의 사명 수행과 결합될 때에만 의미가 있는 것처럼(17,17; 20,21), 그들의 사목적 직무 역시 착한 목자이신 예수님의 양 떼 사랑과 직결된다(마태 10,6; 사도 20,28-29; 1베드 5,1-4 참조). 그러기 위해서는 베드로의 고백에 담긴 그리스도에 대한 조건 없는 사랑이, 이러한 사목적 직무의 전제 조건이자 원동력으로 절실하게 요청된다.

이 단락의 마지막 부분에는, 착한 목자이신 예수님에게서 당신 양 떼를 돌보라는 직무를 위임받은 베드로의 운명과 관련된 내용이 소개된다. 그런데 요한복음의 엮은이는 "네가 젊었을 때에는 스스로 허리띠를 매고 원하는 곳으로 다녔다. 그러나 늙어서는 네가 두 팔을 벌리면 다른 이들이 너에게 허리띠를 매어 주고서, 네가 원하지 않는 곳으로 데려갈 것이다."(21,18)라는 예수님의 말씀에 이어, "예수님께서는 이렇게 말씀하시어, 베드로가 어떠한 죽음으로 하느님을 영광스럽게 할 것인지 가리키신 것이다."(21,19ㄱ)라는 해설을 첨가하였다. 이것은 예수님께서 예고하신 대로 베드로가 순교한 사실을 잘 알고 있던 엮은이가, 그가 순교한 지 한참 뒤에 이 21장을 저술하였기 때문일 것이다.

이와 같이 예수님께서는 베드로의 순교를 암시하는 말씀을 하신 다음, 베드로에게 "나를 따라라."(21,19ㄴ) 하고 말씀하셨다. 사목자들은 양들을 위하여 스스로 당신 목숨을 바치신 예수님처럼(10,18) 그분의

---

1. 가톨릭교회 전통에서는 특히 이 구절을 바탕으로, 사도단의 직분과 사도단의 수장인 교황의 직분에 관한 교리를 점진적으로 발전시켜 왔다(마태 16,17-19; 루카 22,31-32 참조).

양 떼(새로운 그리스도 공동체)를 돌보아야 하는 베드로의 사목 직무 역시 고통을 통한 영광에 이르는 길임을 늘 기억하면서 "오늘도 내일도 그다음 날도"(루카 13,32) 계속해서 착한 목자의 길을 걸어가야 한다.

## 예수님께서 사랑하신 제자와 베드로(21,20-23)

베드로가 예수님께 "나를 따라라."(21,19ㄴ)라는 말씀을 듣고 돌아서서 보니, 예수님께서 사랑하시는 제자가 따라오고 있었다. 그래서 예수님께 "주님, 이 사람은 어떻게 되겠습니까?" 하고 묻자 예수님께서는 "내가 올 때까지 그가 살아 있기를 내가 바란다 할지라도, 그것이 너와 무슨 상관이 있느냐? 너는 나를 따라라."(21,22) 하고 말씀하셨다. 이어서 엮은이는 "그래서 형제들 사이에 이 제자가 죽지 않으리라는 말이 퍼져 나갔다."(21,23ㄱ)는 당시 분위기를 전하면서 혹시라도 있을 오해의 소지를 염두에 둔 듯 "그러나 예수님께서는 그가 죽지 않으리라고 말씀하신 것이 아니라, '내가 올 때까지 그가 살아 있기를 내가 바란다 할지라도, 그것이 너와 무슨 상관이 있느냐?' 하고 말씀하신 것이다."(21,23ㄴ)라고 설명을 덧붙인다.

여기서 예수님 말씀에 담긴 함의(含意)를 이해하기는 쉽지 않지만, 두 가지 측면에서 살펴볼 수 있다. 우선 베드로의 입장에서 볼 때, "나를 따라라."라고 되풀이해서 말씀하시는 예수님의 지시대로 그분이 명확하게 말씀하시지 않은 것에 마음을 빼앗기지 말고, 자신의 사명에만 충실하라고 이르시는 것으로 이해할 수 있다.

다른 한편으로 예수님께서 사랑하신 제자 입장에서 살펴보는 것인데, 요한복음은 엮은이의 맺음말에서 "이 제자가 이 일들을 증언하고 또 기록한 사람이다. 우리는 그의 증언이 참되다는 것을 알고 있다."(21,24) 하고 그를 소개한다. 이 말에 따르면, 요한 그리스도 공동체가 예수님에 관한 이 제자의 증언을 토대로 기록된 요한복음을 항구적이며 또 늘 현실성이 있는 증언으로 받아들이면서 자기들도 이를 믿고 실행하고 있었음을 알 수 있다. 따라서 요한복음을 통하여 예수님의 말씀과 행적에 관한 직접적인 지식을 지님과 동시에, 그 깊은 의미를

"주님,
이 사람은 어떻게 되겠습니까?"(21,21)

이끌어내어 누구보다도 주님의 신비를 꿰뚫은 이 제자가 비록 예수 그리스도께서 재림하시는 그 순간까지 육체적으로 살아있는 것은 아니라 할지라도, 이 복음서에 기록된 증언을 통하여 교회 안에서 계속 '정신적으로' 살아 있으리라는 말씀으로도 해석할 수 있다.

그런데 성 아우구스티노 주교는 〈요한복음 주해〉(*Tract. 124,5. 7.* CCL 36,685-687)에서 베드로와 예수님께서 사랑하시는 제자의 관계를 영성적으로 설명한다.

교회는 계시를 통해서 알려지고 권고된 두 가지 생활을 알고 있습니다. 하나는 신앙을 통한 생활이고, 다른 하나는 하느님을 직접 바라보는 생활입니다. 하나는 현재의 순례 생활이고 다른 하나는 영원한 삶의 생활입니다. 하나는 수고의 생활이고 다른 하나는 휴식의 생활입니다. 하나는 여정에서 이루어지는 생활이고 다른 하나는 본향에서 실현되는 생활입니다. 하나는 행위와 수고의 생활이고 다른 하나는 관조라는 보상을 받는 생활입니다.

사도 베드로는 첫번째 생활을 나타내 주고 사도 요한은 두번째 생활을 나타내 줍니다. 첫번째 생활은 지상에서 진보하여 이 세상 마지막까지 지속되고, 두번째 생활은 세말에 완성되고 후세에는 끝이 없습니다. 그래서 주님은 베드로에게 "나를 따르라."라고 말씀하시고, 반면 요한에게는 "내가 돌아올 때까지 그가 남아 있기를 내가 바란다고 한들 그것이 너와 무슨 상관이 있느냐? 너는 나를 따르라." 하고 말씀하십니다.

말하자면 "베드로, 너는 잠시 동안 고통을 당하는 데 있어 나를 본받아 따라야 하고, 요한 너는 내가 영원한 축복을 가지고 올 때까지 남아 있어야 한다.", 좀더 상세히 말하자면, "완성을 지향하는 활동은 내 수난을 본받아 또 나를 따름으로 되는 것이고, 시작한 관조는 내가 올 때까지 지속되어야 하고 내가 올 때 완성될 것이다."라는 뜻입니다.

우리는 모든 것을 죽기까지 인내함으로써 그리스도를 따릅니다. 그러나 그분에 대한 완전한 지혜는 그리스도께서 오실 때까지 이루어지지 못하는 것이기에 그때까지 기다려야 합니다. 이 죽음의 땅에서는 세상의 고통을 겪고 저 생명의 땅에서는 주님의 은혜를 볼 수 있을 것입니다.

그래서 "내가 돌아올 때까지 그가 남아 있기를 내가 바란다."라는 말을 "남아 있다" 또는 "살아 있다"라는 뜻으로 이해해서는 안되고 오히려 "기다리다" 또는 "기대하다"라는 뜻으로 알아들어야 합니다. 그리스도께서 요한에게 하신 이 말씀은 지금 성취되지는 않고 다만 그리스도께서 오실 때 성취되겠다는 것을 뜻하고, 베드로에게 하신 "너는 나를 따르라"는 말씀은 기대하는 것이 성취되려면 지금 여기서 그리스도를 따르는 일을 실현해야 한다는 것을 뜻합니다.

그러나 이 위대한 두 사도들을 지나치게 분리시키지 말아야 합니다. 베드로에게 하신 말씀은 두 사도 모두에게서 실현되었고, 요한에게 하신 말씀도 두 사도에게 모두 이루어지게 되었습니다. 그들의 실제 신앙 생활을 보면 두 사람 모두 이 비천한 생활의 고통을 겪었고 또 후세 행복의 은혜를 기대하였습니다.

그런데 이것은 이 두 사도들에게서만 이루어지는 것이 아닙니다. 그리스도의 정배인 거룩한 가톨릭 교회도 그러합니다. 온 교회는 내세의 기쁨을 이루려고 현세 생활의 유혹을 견디어 이겨 나가야 합니다. 베드로와 요한은 각각 이 두 가지 생활을 나타내 주었습니다. 둘 다 신앙 안에 현세 생활을 거쳐 지나갔고 또 둘 다 영원한 행복의 은혜를 누리고 있습니다.

## 예수님께서 사랑하신 제자 & 요한복음의 저자

> "제자 가운데 한 사람이 예수님 품에 기대어 앉아 있었는데, 그는 예수님께서 사랑하시는 제자였다."(요한 13,23)

요한복음도 공관복음들과 마찬가지로 저자가 누군지 밝히지는 않는다. 다만 위에서 언급한 것처럼 "이 제자가 이 일들을 증언하고 또 기록한 사람이다. 우리는 그의 증언이 참되다는 것을 알고 있다. 예수님께서 하신 일은 이 밖에도 많이 있다. 그래서 그것들을 낱낱이 기록하면, 온 세상이라도 그렇게 기록된 책들을 다 담아내지 못하리라고 나는 생각한다."라는 '엮은이의 맺음말'로 복음을 마감하면서, 예수님께서 사랑하시는 이 제자가 복음서를 저술하였다고 전한다.

이 제자는 요한복음에서 최후 만찬 때 예수님의 품에 기대앉아 있던 제자로 소개되는데(13,23-26),[2] 복음서는 그가 예수님의 일생에서 중요한 순간들을 목격했다는 점을 강조한다. 그는 파스카 사건이 벌어지는 과정에서도 여러 번 언급된다. 아마 다른 여러 본문에서 이름을 밝히지 않은 채 '다른 제자'(1,35-39)라고만 하는 사람도 이 제자일 것이다. 예를 들면, 예수님께서 붙잡히셨을 때 베드로를 비롯하여 다른 제자들은 모두 다 도망쳤지만(16,32; 18,15-16 참조),[3] 그는 예루살렘에 머물면

---

2. "제자 가운데 한 사람이 예수님 품에 기대어 앉아 있었는데, 그는 예수님께서 사랑하시는 제자였다."(13,23)

3. "그러나 너희가 나를 혼자 버려두고 저마다 제 갈 곳으로 흩어질 때가 온다. 아니, 이미 왔다. 그러나 나는 혼자가 아니다. 아버지께서 나와 함께 계시다."(16,32); "시몬 베드로와 또

서 예수님이 십자가에 처형되시는 장면을 끝까지 지켜보았다. 예수님께서는 십자가 아래 서 있던 그를 당신 어머니에게 맡기시고, 당신 어머니를 그에게 부탁하셨다(요한 19,27).[4] 예수님의 옆구리 상처에서 피와 물이 흘러나왔다는 것을 증언한 이도 이 제자이다.[5] 또한 부활 첫새벽 제자 몇몇이 예수님께서 묻히신 무덤에 달려갔을 때(20,1-20)에도, 부활하신 예수님께서 티베리아스 호숫가에 발현하셨을 때에도 부활하신 예수님을 맨 먼저 알아본 이가 바로 이 제자였다고 복음서는 힘주어 말한다(21,1-14). '예수님께서 사랑하시는 제자'는 베드로와 더불어 온전하고 철저하게 예수님을 믿은 사람이었고, 부활하신 주님을 단번에 알아본 사람이었다(요한 20,8; 21,7). 이 제자는 과연 누구일까?

공관복음을 보면 베드로와 제베대오의 두 아들 야고보와 요한은 예수님께서 공생활을 하실 때 특별한 총애를 받아 주님의 거룩한 변모(마르 9,2), 성체성사 제정(마르 14,17), 겟세마니 기도(마르 14,33) 등 중요한 순간에 예수님과 함께한다. 하지만 놀랍게도 요한복음에서는 요한 사도에 대한 언급이나 이름이 한 번도 등장하지 않는다. 그래서 일부에서는 요한복음이 그를 '예수님께서 사랑하시는 제자'라는 호칭으로

---

다른 제자 하나가 예수님을 따라갔다. 그 제자는 대사제와 아는 사이여서, 예수님과 함께 대사제의 저택 안뜰에 들어갔다. 베드로는 대문 밖에 서 있었는데, 대사제와 아는 사이인 그 다른 제자가 나와서 문지기 하녀에게 말하여 베드로를 데리고 들어갔다."(18,15-16)에서 '또 다른 제자 하나'로 언급되는 이도 '예수님께서 사랑하시는 제자'로 추정된다.

4. "예수님께서는 당신의 어머니와 그 곁에 선 사랑하시는 제자를 보시고, 어머니에게 말씀하셨다. '여인이시여, 이 사람이 어머니의 아들입니다.'" 이어서 그 제자에게 '이분이 네 어머니시다.' 하고 말씀하셨다. 그때부터 그 제자가 그분을 자기 집에 모셨다."(19,26-27)

5. "군사 하나가 창으로 그분의 옆구리를 찔렀다. 그러자 곧 피와 물이 흘러나왔다. 이는 직접 본 사람이 증언하는 것이므로 그의 증언은 참되다. 그리고 그는 여러분이 믿도록 자기가 진실을 말한다는 것을 알고 있다."(요한 19,34-35).

부른 것이 아닐까 주장하기도 한다.

기원후 2세기부터 교회의 여러 전통에서는 요한복음의 이 저자를 열두 사도 가운데 하나인 제베대오의 아들 요한으로 간주한다. 2세기 말경에 작성된 성경 사본들에는 "요한에 의한 복음"이라는 제목이 나타날 뿐 아니라, 교부 성 이레네오는 최후 만찬 때에 예수님의 품에 기대앉아 있던 바로 그 요한이 에페소에 머물면서 복음을 기술하였다고 주장한다. 제4복음서와 관련해서는 의견이 거의 일치됨을 확인할 수 있는데, 모든 저술가가 열두 사도 가운데 하나인 요한의 역할을 확실한 사실로 이야기한다.[6]

2세기 전반에 히에라폴리스 주교 파피아스는 요한 공동체에 사도 요한 외에 '주님의 제자'와 '원로'라는 칭호로 불리던 또 다른 요한이 있었다고 전해주었다. 이를 바탕으로 일부에서는 이 '원로 요한'이 요한복음의 저자라고 주장하기도 한다. 특히 19세기 초에 공관복음과의 상이성과 신학적 작업의 중요성을 강조한 학자들은, 제4복음서 저자가 요한 사도라는 전통적 견해를 문제 삼는다. 그들은 저자가 목격 증인일 수 없다고 판단한다.

"이것들을 기록한 목적은 예수님께서 메시아시며 하느님의 아드님이심을 여러분이 믿고, 또 그렇게 믿어서 그분의 이름으로 생명을 얻게 하려는 것이다."(요한 20,32)

---

6. '무라토리 경전'이라고 불리는 아주 오래된 문헌의 단편, 알렉산드리아의 클레멘스, 오리게네스, 테르툴리아누스 등은 제4복음서의 저자를 요한으로 인정한다.

성서학계는 요한복음 본문이 "예수님께서는 이 책에 기록되지 않은 다른 많은 표징도 제자들 앞에서 일으키셨다. 이것들을 기록한 목적은 예수님께서 메시아시며 하느님의 아드님이심을 여러분이 믿고, 또 그렇게 믿어서 그분의 이름으로 생명을 얻게 하려는 것이다."라는 저술 목적을 밝히는 말씀에 이어, 다른 편집자가 덧붙인 것으로 추정되는 부록 형식의 두 가지 일화가 소개된 다음, 맨 끝부분은 또다시 "(예수님께서 사랑하시는) 이 제자가 이 일들을 증언하고 또 기록한 사람이다. 우리는 그의 증언이 참되다는 것을 알고 있다. 예수님께서 하신 일은 이 밖에도 많이 있다. 그래서 그것들을 낱낱이 기록하면, 온 세상이라도 그렇게 기록된 책들을 다 담아내지 못하리라고 나는 생각한다."는 엮은이의 맺음말로 마감되고, 여기서도 '예수님께서 사랑하시는 제자'가 1인칭이 아니라 3인칭으로 소개된다는 점에 유념하면서 이 제자가 요한복음을 저술하였다는 점에 대하여 이의를 제기한다.

슈낙켄부르크도[7] '예수님께서 사랑하시는 제자'는 예루살렘 출신으로, 처음에는 세례자 요한의 제자였다가 훗날 예수님을 따른 듯하다고 (요한 1,35-40) 전제하면서도, 열두 제자단에 속하지는 않았지만 최후만찬 현장에는 있었다고 주장한다. 그는 이 제자가 요한복음의 저자일 리 없다고 강조한다. 만일 그가 저자였다면 자신을 이렇게 소개하지 못했을 것이기 때문이다. 그는 '예수님께서 사랑하시는 제자'라는 영광스러운 호칭은 그의 제자와 친구들이 붙여준 것이며 그들은 이 제자를 예수님에 관한 전승의 전달자로 받들고 예수님의 인격과 말씀의 해설자로

---

7. 슈낙켄부르크, 373-376 참조.

메시아시며
하느님의 아드님이신 예수 그리스도(요한 20,31 참조)

존경했다고 본다. 그래서 슈낙켄부르크는 '요한 공동체'나 '요한의 제자단'이 '예수님께서 사랑하시는 제자'가 예수님에 대하여 입으로 또는 어쩌면 약간의 기록으로 전해준 것들을 복음서 자료로 활용하였을 가능성을 제시하면서 이 복음서를 최종 편집하여 현재 형태로 완성한 것이 '요한 공동체'라면, 요한복음의 핵심부(1-20장)는 헬레니즘적 고등 교육을 받은 신학자가 '예수님께서 사랑하시는 제자'의 전승을 수용해서 서술한 것이라고 보았다. 일부에서는 이 저자를 2세기 중엽에 베드로와 바오로에게서 유래하는 여러 전통을 종합해 낸 신학자라고 보기도 한다.

그런데 요한복음에서는 엮은이의 맺음말 등에서 이 제자가 늘 3인 칭으로 소개된다. "이 제자가 이 일들을 증언하고 또 기록한 사람이다. 우리는 그의 증언이 참되다는 것을 알고 있다."(21,24) 이 점 역시 이 제 자가 목격 증인으로서 요한복음 전승의 원천일 수도 있지만 복음을 기 록하고 편집한 사람은 또 다른 사람일 수 있다는 가능성을 배제하지 않는다. 사실 이 제자가 누구인지 정확하게 밝히는 것은 쉽지 않을 뿐 아니라 불가능해 보이기까지 한다. 그래서 일부에서는 '요한복음서'라 는 제목 대신에 '제4복음서'로 지칭하기도 한다. 또한 일부 학자들은 '예수님께서 사랑하시는 제자'라는 이 표현이 구체적인 한 인물을 지 칭하기보다 상징적으로 표현되었다고 주장하기도 한다.

이 내용들을 종합할 때, 요한 사도가 이 복음서를 편집하였을 가능 성을 완전히 배제할 수 없지만, 다수의 학자들은 그럴 가능성이 거의 없다고 본다. 다만 다른 학자들은, 이 복음서 저자가 자신을 요한 사도 와 연결 짓는 전통을 따른다는 점을 덧붙일 수 있다고 주장한다. 이로 써 '예수님께서 사랑하신 제자'에게 부여된 우월한 위치가 설명된다는 것이다. 그리고 이 제자는 다시 제베대오의 아들 요한과 동일시되었으 리라는 것이다. 무엇보다도 요한복음에서 '예수님께서 사랑하신 제자' 는 주요 사도들 가운데에서 한 번도 직접 이름이 거명되지 않은 유일 한 사람이다. 요한복음이 저술된 당시 이 사도가 실제 저자와 직접적 으로, 또는 적어도 간접적으로나마 관련되고, 당시 독자들도 이 사실 을 이미 잘 알고 있었기 때문에, 구태여 이름을 직접 밝힐 필요가 없다 고 생각한 것으로 보인다.

"'내가 진실로 진실로 너에게 말한다. 네가 젊었을 때에는 스스로 허리띠를 매고 원하는 곳으로 다녔다. 그러나 늙어서는 네가 두 팔을 벌리면 다른 이들이 너에게 허리띠를 매어 주고서, 네가 원하지 않는 곳으로 데려갈 것이다.' 예수님께서는 이렇게 말씀하시어, 베드로가 어떠한 죽음으로 하느님을 영광스럽게 할 것인지 가리키신 것이다. 이렇게 이르신 다음에 예수님께서는 베드로에게 '나를 따라라.' 하고 말씀하셨다."(요한 21,18-19)

요한복음의 거의 마지막 부분에 나오는 이 말씀이 저에게는 매우 인상적으로 들려옵니다. 예수님에게서 예사롭지 않은 죽음을 암시하는 듯한 말씀을 들은 베드로가 예수님께서 사랑하신 제자의 운명은 어떻게 되겠는지 묻는데, 예수님의 대답은 예상을 뒤엎고 아주 단호합니다. "너는 나를 따라라." 그저 이 말씀뿐이었습니다.*

---

\* 이와 관련된 것으로 보이는 일화가 『신약 외경』(하권: 행전·서간·묵시록), 송혜경 역주, 한님성서연구소(2011), 129쪽에서 소개된다: "베드로의 설교에 감화되어 당시 로마 총독이었던 아그리파스의 네 후궁과 황제의 친구인 알비누스의 아내 크산티페를 비롯한 많은 사람이 정결하게 살기로 다짐하면서 부부관계를 그만둔다. 이에 알비누스와 아그리파는 … 베드로에게 복수하려고 마음먹는다. 크산티페가 경고하고 다른 형제자매들도 베드로에게

"그것이 너와 무슨 상관이 있느냐? 너는 나를 따라라."

혹시라도 예수님께서 내가 아닌 다른 제자를 특별히 총애하신다고 해도 그것은 나와 상관이 없습니다. 주님께서 다시 오실 때에 나는 이미 세상을 떠나 죽었고 다른 제자는 살아 있다 하더라도, 또한 주님께서도 그것을 바라신다 하더라도 그것은 나와 상관이 없습니다. 이러한 것들이 내가 주님을 따르는 데에 결코 장애가 될 수 없고 또 되어서도 안 된다고 이 말씀은 강조하는 듯합니다.

사도행전(28,16.30-31)에 따르면, 바오로 사도는 로마에 도착하여 수인으로 갇혀 있습니다. 하지만 죄수로서 갇혀 있다는 사실이 그에게는 아무 상관이 없습니다. 그는 "아무 방해도" 받지 않았기 때문입니다. 그가 예루살렘에서 유다인들에게 반대를 받는다 해도, 또 총독이 바오로에게 아무 죄가 없다고 판결하였음에도 불구하고 계속 죄수 취급을 받는다 해도 그에게는 아무런 상관이 없습니다. 후대의 선교사 파견 예식에서 흔히 볼 수 있듯이 파견 예식을 성대하게 하고 축복을 받으면서 떠났든, 죄인으로 호송되었든 그것은 그에게 상관이 없습니다. 더욱이 그것이 '방해'가 될 수는 없는 일이었습니다.

사도행전은 이렇게 끝납니다. 여기까지만 살펴보면 그의 앞날은 불확실합니다. 사도행전 저자 루카는 그가 로마에서 순교했다는 사실을

---

로마를 떠나라고 권유하자 베드로는 변장을 하고 성문으로 향한다. 그때 베드로가 주님께서 도시로 들어가시는 모습을 보고 '주님, 어디로 가십니까(Quo vadis, Domine)?' 하고 묻자 '십자가에 못 박히러 로마에 들어간다.' 하고 대답하신다. …그제야 베드로는 제정신을 차리고 주님께서는 하늘로 올라가신다. 그 뒤에 베드로는 로마로 되돌아간다. 주님의 말씀이 다름 아닌 자신의 순교에 대한 예언이었기 때문이다." 이 대화 내용은, 1896년 폴란드의 작가 헨리크 시엔키에비치(Henryk Sienkiewicz)가 저술한 원작 소설 『퀴바디스』(Quo vadis)를 영화화한 작품에서 인용되어 널리 알려져 있다.

압니다. 그러나 그것도 상관이 없습니다. 오로지 어떤 식으로든 하느님의 말씀이 세상의 중심인 로마까지 도달했다는 것, 그에게는 이 사실만 중요할 따름입니다. 그래서 저자는 바오로 사도의 순교 사실이나 그 다음에 전개되는 상황을 더 이상 기록하지 않고 여기에서 멈춥니다.

조용히 주변을 곰곰이 살펴보면 이러저러한 일들이 우리 발목을 붙잡는 경우가 참으로 많습니다. 그러나 그 가운데 대부분의 경우, 다른 사람이 아니라 바로 나 자신이 주님을 따르는 데에, 하느님의 말씀을 선포하는 데에 '방해' 사유가 된다는 점을 이 말씀이 일깨워주는 것 같습니다. 그래서 저에게도 사심 없이 사도들과 같은 담대함으로 주님을 따를 수 있는 믿음을 주시기를 청해 봅니다.

개인에게는 주님에게서 받은 고유한 소명이 있습니다. 바오로에게는 그리스도교의 개척자 모습이 두드러집니다. 그는 이방인들에게 주님의 말씀을 전한 위대한 선교사였습니다. 베드로에게는 주님의 양 떼인 하느님의 백성을 부양하고 다스리는 목자의 모습이 돋보입니다. 요한에게서는 그리스도의 증인 모습이 강조됩니다. 베드로 사도의 소명이 주님의 양 떼를 양육하고 그리스도를 위해 목숨을 바치는 것이었다면, 요한 사도는 장수하면서 그리스도의 말씀과 행적을 증언하는 것이 부활하신 주님의 뜻이었습니다.

모든 사람에게 주어진 소명과 능력은 서로 다릅니다. 또한 각 개인에게는 하느님께 나아가는 고유한 길이 있기 때문에, 상당히 서로 다르고 차이가 있을 수 있습니다. 그러므로 다른 사람의 길과 나의 길을 비교하는 것은 참으로 어리석고 위험한 일입니다.

오늘 부활하신 주님께서는 오로지 이 말씀만 하십니다. "그것이 너와 무슨 상관이 있느냐? 너는 나를 따라라." 어떻게 하면 주님을 따를 수 있을까! 주님을 따르는 것, 곧 '그리스도 추종(sequela Christi)'과 관련하여 콘스탄티노폴리스 주교로서 개혁을 부르짖으면서, 악습에 젖어 있던 그리스도인들에게, 심지어 황제나 황후에게도 잘못된 점을 거침없이 지적하여 두 차례나 유배 길에 올라야 했던 요한 크리소스토모 성인의 다음 강론(*Ante exsilium, nn. 1-3*: PG 52,427-430)에서 그 실마리를 찾을 수 있을 것 같습니다.

"그리스도께서 나와 함께 계시니 내가 누구를 두려워하겠습니까? 파도가 나를 대항하여 일어서고, 바다와 통치자의 분노가 나를 거슬러 밀려와도 그 모든 것이 내게는 거미 한 마리에 불과합니다. 그리고 여러분이 나를 막지만 않았다면 오늘이라도 즉시 딴 데로 떠났을 것입니다. 나는 항상 이렇게 말 할 뿐입니다. '주님, 당신의 뜻이 이루어지소서.' 나의 뜻이 아니고 당신의 뜻이 이루어지소서. 이것은 나의 보루이고 이것은 나의 움직임이 없는 바위이며 이것은 나의 흔들림이 없는 지팡이입니다. 하느님의 뜻이라면 그대로 이루어지소서. 내가 여기 있는 것이 그분의 뜻이라면 나는 그분께 감사를 드립니다. 그분이 아무데라도 내가 있어야 할 곳을 정해 주신다면 그분께 감사드릴 것입니다."

사실 이에 앞서 우리 주님께서도 어떻게 하면 당신을 추종할 수 있는지 그 방법을 직접 알려주셨습니다. 바로 수난과 십자가의 죽음을 앞두신 예수님께서 겟세마니에서 하느님께 드린 기도에서 그 해답을 찾게 됩니다. 영광스러운 '거룩한 변모' 때에도 당신 곁에 있던 사랑하는 세 제자 앞에서, 죽음과 같은 괴로움(1열왕 19,4 참조)과 고통 받는 '의인'의 괴로움(시편 31,23; 61,3; 116,3 참조) 속으로 빠져 드신 예수님께서는 하느님을 경배하는 자세인 얼굴을 땅에 대시고 "아버지, 하실 수만 있으시면 이 잔이 저를 비켜 가게 해 주십시오. 그러나 제가 원하는 대로 하지 마시고 아버지께서 원하시는 대로 하십시오."(마태 26,39) 하고 기도하셨습니다. 늘 최선을 다하면서 우리가 하느님께 드려야 할 마지막 내용은, "아버지, 이 잔이 비켜 갈 수 없는 것이라서 제가 마셔야 한다면, 아버지의 뜻이 이루어지게 하십시오."(루카 22,42) 하는 기도가 아닐까 생각해봅니다!

주교회의 성서위원회, 『주석성경』, 한국천주교주교회의, 2010.

루돌프 슈낙켄부르크, 『복음서의 예수 그리스도』, 김병학 옮김, 분도
　　출판사, 2009.

교황청 성서위원회, 『성경의 영감과 진리』, 박영식 옮김, 한국천주교
　　주교회의, 2014.

가톨릭신학연구실, 『요한계 문헌』, 가톨릭교리신학원, 2015.

이기락, 『우리가 부를 때마다』, 가톨릭출판사, 2022.